39種類のダイエットに失敗した

46歳のデブな女医はなぜ1年間で

15kg

＼リバウンドなし！／

痩せられたのか？

-15kg

日比野佐和子

マガジンハウス

あなたがやったことのあるダイエット、この中にいくつありますか？

- □ りんごダイエット
- □ 野菜クッキーダイエット
- □ グラノーラダイエット
- □ すいかダイエット
- □ ポッキーダイエット
- □ 黒豆ダイエット
- □ サランラップダイエット

- □ ドライヤーダイエット
- □ 寒天ヌードルダイエット
- □ セロリダイエット
- □ おからクッキーダイエット
- □ わかめダイエット
- □ ゆで卵ダイエット

□キャベツダイエット
□ダイエットコーヒー
□油抜きダイエット
□とうがらしダイエット
□恋愛ダイエット
□痩身エステダイエット
□こんにゃくダイエット
□下剤ダイエット
□青汁ダイエット
□骨盤矯正椅子
□ドーム型サウナ
□EMSマシン
□ダイエットドリンク

□サプリメントダイエット
□スリミングコスメ
□ウエディングダイエット
□糖質制限ダイエット
□ファスティングダイエット
□一食置き換えダイエット
□ゼロカロリーダイエット
□エンダモロジーダイエット
□ダイエット補正下着
□吐くダイエット
□冷凍宅配弁当
□スーパーフード
□小顔ローラー

ちなみに私は
ぜんぶやりました!
その数、
じつに
39
種類!!

そして、ほぼすべて失敗しました……。
私のダイエット人生は、
リバウンドの繰り返し。
みなさんも多かれ少なかれ、
同じなのではないでしょうか?

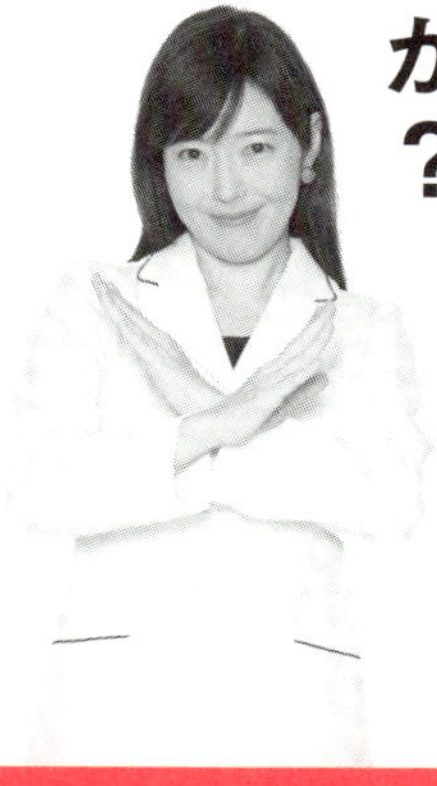

こんな私ですが、
42歳のとき、
ついに「1年間で15キロ痩せ」
に成功しました。
しかも、いまだにリバウンドなし！

そして46歳の今もキープできているのは、
数々の失敗があったからこそ。
ダイエットは、
知識はもちろんメンタルも大切。
失敗ばかりだったダイエッターだからこそ、
さらに医者として、今だからわかること、
すべてご紹介します！

Prologue はじめに

今、この本を手にとられ、この文章を読んでいる方は「痩せたい」「スリムなスタイルをキープしたい」と体型に悩んでいるのではと思います。

まさに、私は40年近く、体型の悩みと闘ってきたひとり。はっきりいってぽっちゃりを通り越して「デブ」でした。だから、新しいダイエット法がちまたで話題になると、まずはとにかく試す。数え切れないぐらいのダイエットを実践してきましたが、いつも結果は同じ。

痩せたい↓ダイエットする↓我慢が限界にくる↓暴飲暴食に走る↓太る。このスパイラルで「一時的に痩せては逆にリバウンドする」を繰り返してきました。

そんな筋金入りのダイエッターの私がダイエットに成功したのが42歳のとき。15

キロ痩せて、服のサイズは13号から7号になりました。それから4年が経ち、46歳の今、リバウンドは一切なし。初めての成功です。

私の職業はアンチエイジングドクター。今ではテレビや雑誌などで「40代で15kg痩せて、肌年齢は22歳、若返った女医」と取り上げていただくことも多くなりました。でも、「アンチエイジングドクターなんだから簡単に痩せられるんでしょ」「どうせ、最新医療でキレイになったんでしょ」という声もチラホラ。確かに、私も視聴者だったらそう考えると思います。

そんな誤解を解きたい気持ちからこの本を出版しました。きっと、これから読まれる方は「医者なのにこんなに失敗しているの?!」と驚くと思います。でも、医者でも自分のことは自分で経験しないとわからないもの。この失敗があったからこそ、リバウンドしないダイエット方法を見つけることができました。それも、その方法は今までで一番簡単で無理のないものです。

私がこの最終結論にたどり着くまでの道のりと、必ず痩せる方法を教えます。

History 私の体重の歩み

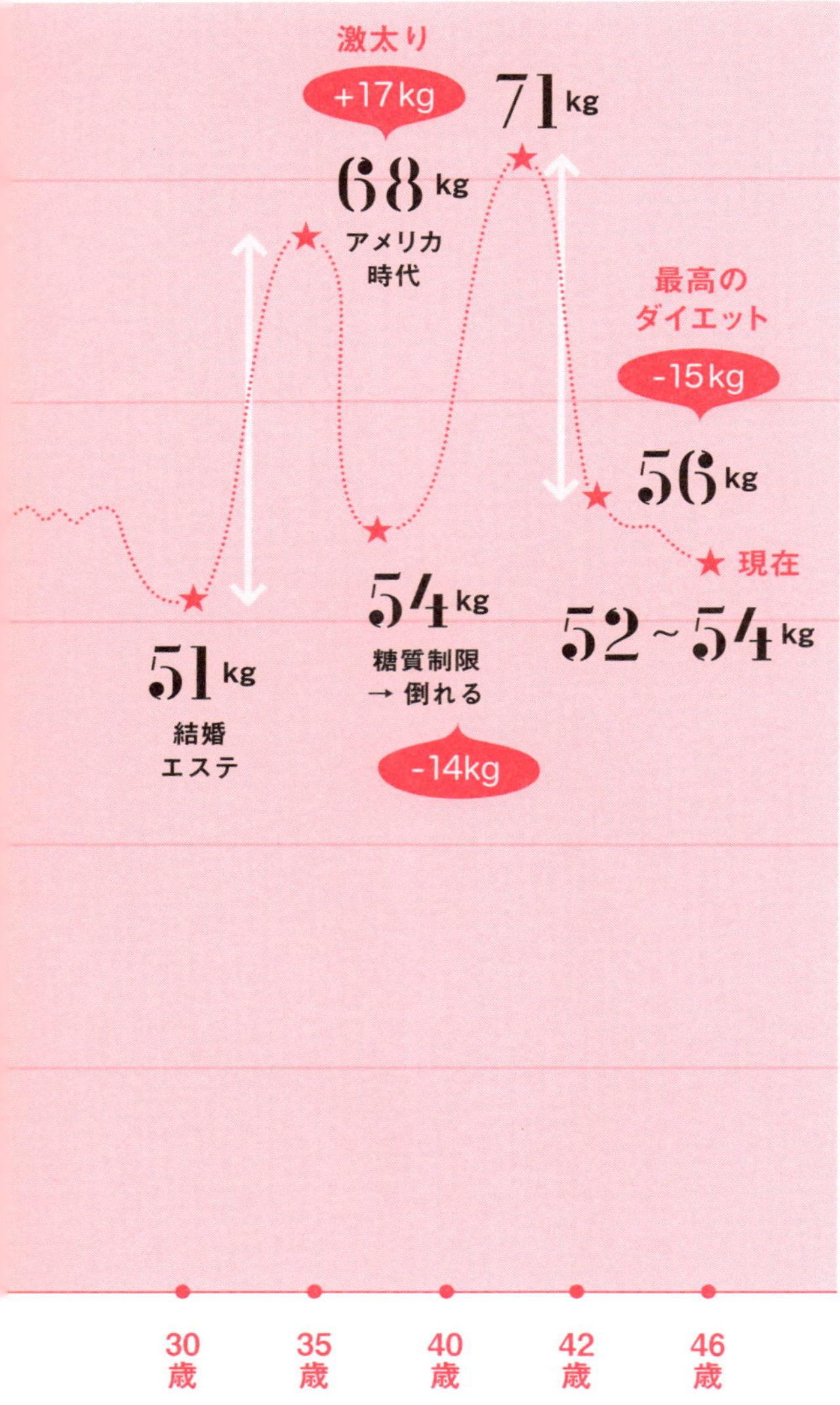

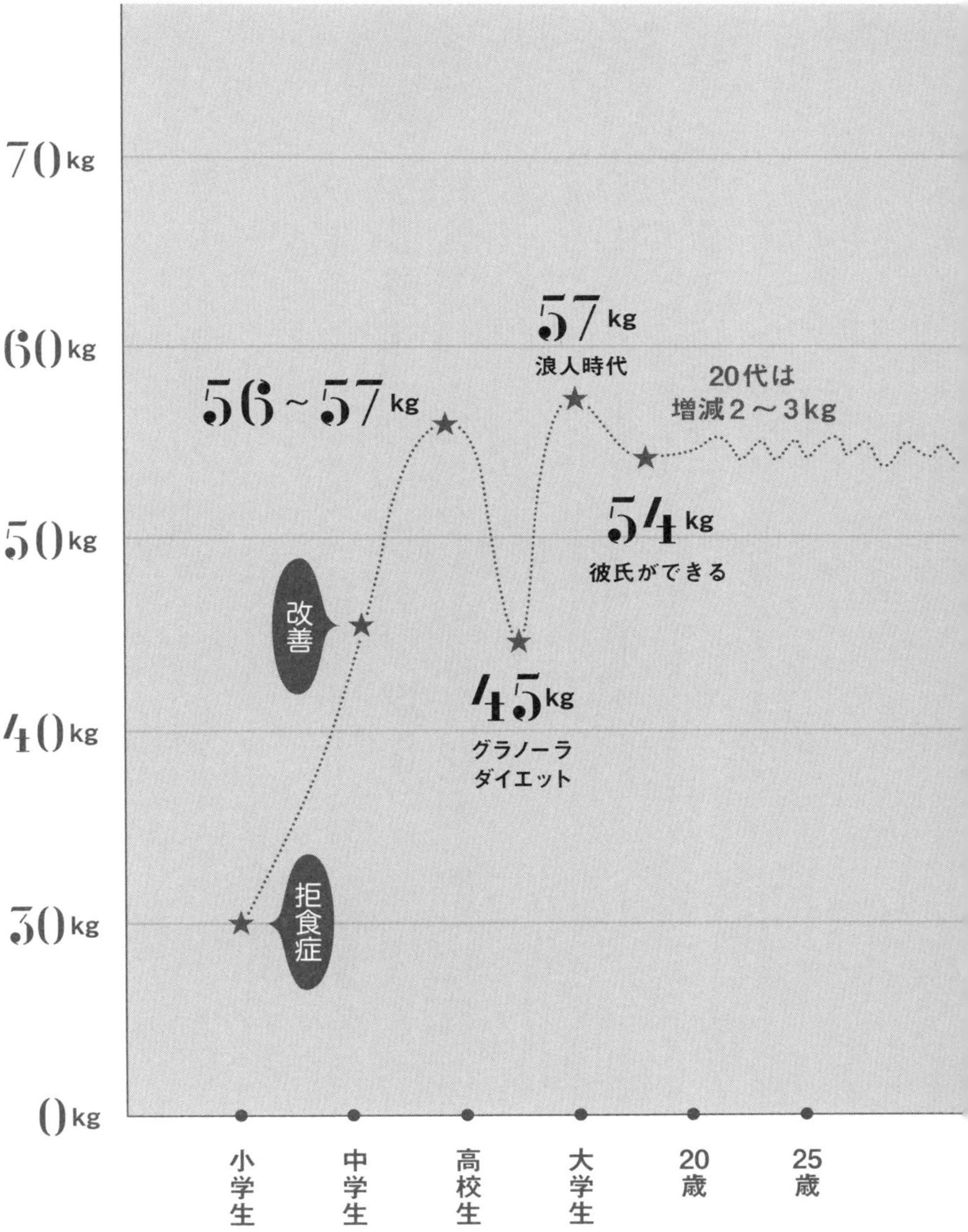
70kg
60kg
50kg
40kg
30kg
0kg
56～57kg
57kg
浪人時代
20代は
増減２～３kg
54kg
彼氏ができる
改善
45kg
グラノーラ
ダイエット
拒食症
小学生
中学生
高校生
大学生
20歳
25歳

［目次］

Prologue　はじめに　008
History　私の体重の歩み　010

Chapter 01

アンチエイジングドクター、40代でパーフェクトボディを手に入れる！
いくつになっても痩せられる！　42歳で15キロ痩せて、今がベスト　019

42歳で71キロ。人生最大体重を記録　020
運動嫌いでも続けられるエクササイズ　029
K－POPダンスで下半身太りがみるみるスリムに！　030
アラフォーのダイエットはホルモン分泌が命　032
46歳、アラフィフの今が一番キレイと言われます　034
［Column 1］　カロリーとGI値の話　036

Contents

Chapter 02

小4で拒食症、中学生で初ダイエット。ガリ勉の高校時代はドカ食い三昧
筋金入りのダイエッター。そもそも私、小さい頃からデブでした。 037

私、生まれたときからデブでした 038
第二次性徴でどんどん身長が伸びて、大きくなるのが不安でしょうがない！ 040
小学生で拒食症になり入院！ 043
拒食症から再び、ぽっちゃりへ逆戻り 047
中学ではピザ28枚にケーキ24個をたいらげて伝説に 048
人生初のダイエットはりんごダイエット 049
食への意識を変えた「きゅうり弁当」事件 050
驚くほど痩せたグラノーラダイエット 052
高校時代は大好きなポッキーダイエットで下半身太り 053
創意工夫あふれるサランラップ&ドライヤーダイエット 056
ハーゲンダッツがとまらない浪人時代。再びぽっちゃり突入 058
晴れて大学入学！　カエル色のボディコン事件で乙女心がズタズタ 059
[Special Column 1] ダメだったダイエット ワースト5 062

とにかく痩せたい思いで寒天ヌードルダイエット 068
ゆで卵ダイエットは軽くトラウマに…… 069
「これはヤバい！」生理がとまった油抜きダイエット 072
人生で初めての彼氏！　恋愛ダイエットは効果抜群 074
バイト代は『痩身エステ』につぎ込む 078
禁断の下剤ダイエットで大後悔 080
場所だけとって効果ナシの通販ダイエット 082
アンチエイジングに興味を持ったワケ 084
飲むだけで痩せる？『サプリメントダイエット』 085
大流行したスリミングコスメ 088
20代で一番、理想体重に！　ウエディングダイエット 089
［ Column 2 ］ダイエットと女性ホルモン 091

Chapter 03

ダイエット暗黒時代。
痩せて倒れてリバウンド、激太り……。

激務の研修医時代〜結婚〜アメリカ留学。いっきに太った30代前半！ 092

Contents

アメリカ留学で17キロ増！　過去最高体重を記録 — 094
結婚した安心感から、おばさん街道まっしぐら！ — 098
糖質制限ダイエットで一気に14キロ減！ — 100
極端な『糖質制限』で脳梗塞一歩手前の状態！ — 103
糖質制限を解除したら見事に17キロリバウンド！ — 106
海外ではバイキングで5皿は当たり前。元をとるまで食べ続ける — 108
車通勤のワナ。『ながら食べ』で満腹感が得られず二度食い — 110
マイナスワード連呼でブサイクホルモンが開花！ — 112
一番キツかった『ファスティングダイエット』 — 114
『一食置き換えダイエット』は痩せるもののお金が続かず — 116
『ゼロカロリーダイエット』で体がむくんでブサイクモードに — 117
『エンダモロジーダイエット』は抜群の効き目！ — 118
[Special Column 2] よかったダイエット トップ5 — 120
絶対にダメ！　禁断の『吐くダイエット』 — 126
100円ショップの棒餃子にハマってリンパ節が腫れる！ — 128
安心なヘルシー冷凍宅配弁当にするもやっぱり物足りず…… — 130
スーパーフードは自分に合うものを選ぶことが痩せるコツ — 131

40歳で離婚。心機一転、東京へ 133
[Column 3] 糖質制限のメリット・デメリット 136

Chapter 04

美習慣、痩せ習慣で、別人に生まれ変わる！ 137

ダイエットに年齢は関係ない！ アナタも今日からすぐできる簡単ダイエットテク

キレイに痩せるには食事とストレッチ。たった、この2つだけ 138
まずは化学調味料を一切やめる 139
白い炭水化物は「茶色」に変える 140
油は脂肪燃焼効果のあるオメガ3が入った「エゴマ油」「亜麻仁油」 141
消化をスムーズにして老廃物排出を促す「水耕栽培野菜」 142
朝食は茶色の主食に野菜、完全栄養食の卵をプラス 144
昼食は万能ダイエットフードのカレー 145
夕食は水耕栽培野菜にたんぱく質でおかずサラダ 146
調味料は「むくみ」の原因。かけるならぽん酢がイチオシ 148
間食はグラノーラかナッツ類。赤ちゃん用おやつも強い味方 149
やめられないチョコレートは、小分けにして工夫して食べる 150

Contents

ホットヨーグルトで「デブ菌」を撃退 151
食べても痩せる1日5食ダイエット 152
痩せ体質をつくるカギは血糖値コントロール 154
リバウンドしない「脳をだます」食べ方 156
外食だってOK。ただ、「食べないもの」を決める 157
運動はしません！ キレイに痩せるならストレッチ 159
痩せる体質になるピンポイントストレッチ 160
私がグングン痩せた『女性K－POPダンス』 162
［まとめ］ダイエットの最終結論 166
［実践］食とストレッチで叶える痩せ習慣 169
［食事編］
1週間食事ダイアリー 170
外食のちょっとしたコツ 174
甘いものも諦めない 175
調味料、これだけは揃えて！ 176
生で食べて安心な野菜たち 176

茶色のものに変えるとキレイになる 177
[mini column] ホットヨーグルトでみるみる痩せ体質に 177
[ストレッチ編]
01 肩甲骨を動かして痩せ体質になるストレッチ 178
02 下腹へこませストレッチ 179
03 女性ホルモン分泌ストレッチ 180
[mini column] 女性らしい動きのダンスでスタイルアップ！ 180
04 下半身太り撃退骨盤回しストレッチ 181
[巻末付録] 4タイプ別 痩せスイッチ 182
① 顔から痩せる 184
② お腹から痩せる 186
③ 背中から痩せる 188
④ 下半身から痩せる 190
Epiologue おわりに 192

Chapter 01

いくつになっても痩せられる!
42歳で15キロ痩せて、今がベスト

アンチエイジングドクター、40代でパーフェクトボディを手に入れる!

-15kg

Success Diet

42歳で71キロ。人生最大体重を記録

現在、46歳、162センチで52キロ。今が人生の中でベストスタイルです。でも、たった4年前はなんと71キロの肥満体型。一般的に痩せにくくなるといわれる「魔の30代後半から40代」の時期に見事、ダイエットを成功させました。健康的に痩せたことで、肌年齢は22歳、シミやくすみが減り肌質も改善。30代の頃よりもキレイと言われるようになったのです。

私の仕事はアンチエイジングドクター（抗加齢医学専門医）であり、皮膚科医、眼科医としても活動しています。20代で医者になってからは、日々、診療と研究で忙しい日々を過ごしてきましたが、太ったり痩せたりの繰り返し。忙しいからといってスリムになるわけではないんですよね。

ちなみに私、プライベートでは結構ズボラでラクして痩せたいタイプ。よくあ

る「女医のパーフェクトダイエット」みたいな内容ではありません。そもそも、そんなタイプだったら肥満体型にはなりません（笑）。

本気でダイエットを始めるきっかけは、人それぞれだと思いますが、私の場合は一枚の写真。それも多くの人の目につくような場所に掲載された写真でした。

私がアンチエイジング専門のクリニックを開業したのは２０１３年。当院では再生医療の肌細胞注入療法や免疫療法など最先端の統合医療治療などを組み合わせ、トータルアンチエイジングケアを提供しています。

そのクリニックの院長であり、アンチエイジングドクターである当時の私の体重は71キロ。人生最大体重です。顔はパンパンで二重あご、着ている白衣はＬサイズで、それもピッチピチ。そんなドクターがアンチエイジング治療をするという説得力ゼロな状態でした。

体型は説得力がなくても、治療技術は評判になって、患者さんも増えて忙しい毎日を送る日々。はっきり言って、自分のことにかまう余裕なんてまったくなかったのです。

当時、アンチエイジング専門のクリニックは珍しく、雑誌やテレビなどで取り上げられることも多くなり、取材を受ける機会が増えました。院長ですから、私がインタビューを受けて、写真を撮られるわけです。

そして数日後、出来上がった掲載誌がクリニックに送られてきて、自分の掲載ページを見てみると、そこに写っていたのは〝ボーイッシュなぽっちゃりおばさん〟。ふくよかすぎる体型に、少年のようなショートカットでほぼノーメイク。クマやシミが浮き出ている自分の写真に度肝を抜かれました。

これまで医者として裏方にいることがほとんどで、メディアに出ることはほぼありませんでしたから、自分の姿を公共の印刷物で見て、初めて客観視したわけです。現実を突きつけられて「これが……今の私……!?」と衝撃を受けると同時に、こんな姿でこれからも取材を受けるなんて無理！　と落ち込みました。

30代後半から40代にかけて、仕事の忙しさからストレスをたくさん抱えてどんどん太ってしまっていた私。40代前半で自分のクリニックを開業することが決まってからはその忙しさに拍車がかかり、仕事が終わった夜中に甘いものを食べることだけがストレス解消でした。

もともと関西出身なので、東京という土地勘のない場所で自分のクリニックを開くことは思った以上に心身ともに負荷がかかっていたようで、どんどんマイナス思考に。はたから見れば、新しい船出で順風満帆に思えたかもしれませんが、実は私、もともとネガティブ体質。なんでも悪い方に考えがちで、やってもいないのにすぐ失敗をイメージしてしまう。それに加えて、忙しさやプレッシャーでどんどん内側にこもっていく毎日。

東京に来て、驚いたのはスタイルがよくてオシャレな人が多いこと! まるでモデルみたいな人があちこちで歩いていて、それを眺めている私の手にはコンビニ弁当と砂糖も牛乳もたっぷりの缶コーヒーに大量のお菓子。痩せたいのに、なかなか痩せられないジレンマもあって、負の感情が余計、代謝を落としていたような気がします。

アンチエイジングの専門医として患者さんには適切な治療やアドバイスができるのに、自分のことになると疎かになってしまう。人間って不思議です。

そんなネガティブマインドにストップをかけてくれたのは新しい出会いでした。クリニックが開業し、医療関係者をはじめ、メディアや企業など、組織のトップの方たちとお話しする機会が多くなったのです。

その方々たちに共通しているのは、みんなポジティブマインド。とにかくプラス思考の方が多くて、話しているうちにこちらまで前向きな気持ちになっていったのです。

そして、もうひとつ共通しているのは、みなさんスタイルがいい。私のように太っている人は誰もいません。このことも私が「本気で痩せよう」と思ったきっかけのひとつです。

冒頭にも書きましたが、私の人生はダイエットと共に歩んできた46年間。42歳になるまで、数えきれないぐらいのダイエットをしてきましたが、メディアで紹介されるようになり、多くの人目にさらされる恥ずかしさは一番こたえました。だからこそ、人生最後のダイエットをしようと決意したのです。

私がまず、取り組んだのは食生活の見直し。ちなみに、それまでの1日の食事を簡単に紹介すると……。

朝…なし

朝は起きたら身支度をしてクリニックへ直行。

昼…コンビニのお弁当

クリニックの下にあるコンビニでお弁当を調達。おにぎりにから揚げ、パスタなど炭水化物がメイン。カロリーメイト1本のときも。

夜…コンビニのお弁当。外食で回転寿司

仕事が早めに終わったときは大好きな回転寿司で好きなものを好きなだけ。平均20皿はペロリ。外食ができないときは、コンビニのから揚げやパスタ。

間食：アイスクリーム、チョコレート

夕食後にはデザートにアイスクリーム。特にハーゲンダッツとピノがお気に入り。仕事中、小腹が減ったら板チョコを1枚、大好きなチョコボール。チョコボールはコンビニで売っているのを買い占めるほど。

これ、運動部の男子学生の食生活ではありません。40歳を越えた女性の食生活です。ちなみに食事中の飲み物は砂糖たっぷりの缶コーヒー。好きな食べ物は肉類、炭水化物、甘いもの。嫌いな食べ物は野菜。

こんなとんでもない食生活を変えるためには何からすればいいのか。

私が最初に始めたのは「自炊」でした。食べるものはコンビニではなくスーパーで食材から買う。食材は極力、食品添加物を使わずに調理する。そんな基本的

なことからスタートしたのです。

現在の1日の食事メニューはこちら。

朝…全粒粉パン、サラダ、卵2〜3個
昼…具だくさんカレー
夜…サーモン、鶏むね肉を入れたサラダ
間食…ナッツ、玄米グラノーラ、ヨーグルト

食事中の飲み物は水かルイボスティー。こう見ると、劇的な変化ですが、シンプルに自分が食べている食事の中身を把握できるようなメニューにしただけ。

これまで多かったコンビニや外食では原材料や、どんな調味料を使っているかが分からなかったですが、それを自炊することですべて把握するようにしたのです。

あれだけ乱れた食生活をしている人がこんなに変われるもの？　と疑問を持った人もいるかもしれません。でも、この食生活にしてから4年経ちましたが一度もツライと思ったことはありません。それは、「食べない」というダイエットをしていないから。食べる量は以前よりも増えていますし、大好きな甘いものも食べています。

「食べてはいけない」という禁止事項を設けてしまうとストレスになって、余計食べたくなったり、常にイライラしてしまったりと悪影響が出てしまいがち。特に私の性格は我慢するとその反動でものすごく食べてしまう……それがリバウンドというやつです。

私も42歳までリバウンドの繰り返しでしたから、成功しないダイエットの流れは十分に分かります。分かるまで少し時間がかかったほうかもしれませんが（笑）、今回の「我慢せずに食べ方を変える」食生活が私には合っていたようです。

今では大好きだった揚げ物やジャンクフードも自然と食べたいと思わなくなり

ました。「我慢しない変化」はいつしか「習慣」になったようです。

Success Diet

運動嫌いでも続けられるエクササイズ

キレイに痩せるために、まず改善したのは食生活。でも、食べた分は動かないと消化はされません。そこで、運動も取り入れることにしました。

とはいっても、はっきり言って運動は苦手。でも、太っていた頃は苦手ながらもいろいろやりました。スポーツジム、ヨガ、ピラティス、ヒップホップダンス……。ただ、どれもまったく続きません！　数カ月、下手すれば数回で行かなくなる、の繰り返し。

唯一、続いたのがあるクリニックのマンツーマンのストレッチ。ここは週に1度通い効果的に筋肉を伸ばす方法などを教えてもらいました。でも、ジムのトレーニングマシンにひたすら向かう時間は拷問のよう！　やっぱり好きじゃないものは続かないんです。

そんなときに出会ったのが、とあるグループのダンスでした。このダンスに行きついたのは、自分のマインド面と大きくつながっているのです。

Success Diet

K－POPダンスで下半身太りがみるみるスリムに！

治療の際に患者さんによくお話しするのが「キレイになりたい」「スタイルがよくなりたい」と思ったときは、「こうなりたい」と思う理想のモデルさんや女優さんの写真を眺めたり、イメージしたりすることが大切。そうすると自然とポジティブな気持ちになって、ダイエットに前向きになります。

と、そんな話を患者さんにはしていましたが、私自身は特に誰かのファンでもなくイメージする人もいませんでした。

私も目指す理想の人を探そうとアメリカの映画サイトが発表していた「世界で最も美しい顔１００人」というランキングを見ていたんです。そこで目についたのが、当時大人気だったK-POPグループのメンバー。グループから3人もランクインしていて、すごいなと興味を持ちました。世界的に選ばれるのであればそれなりの理由があるんだろうと、彼女たちのプロフィールやミュージックビデオをチェック。すると、ダンスがとても女性らしく、かつセクシーであることに気付きました。

それがきっかけで、彼女たちのダンスを1日15分、DVDを観ながら真似して踊るように。すると驚くほど体型にメリハリが出て、ずっとコンプレックスだった下半身もすっきり。ジムにも行かず、ヨガにも通わず、ただ自宅で簡単なストレッチとダンスをするだけで痩せたのです。

Success Diet

アラフォーのダイエットはホルモン分泌が命

私が40歳を過ぎて「本気のダイエット」をするにあたり、重要視したのは「キレイに」痩せることです。**痩せにくくなると言われる30代後半から40代の人がダイエットをする際、ちまたで話題の糖質制限や脂質制限、炭水化物抜きなど、過度な「○○抜き」ダイエットは体重は減っても見た目が「キレイ」ではなくなってしまう可能性が大きい。**加齢とともに代謝が下がっているのに、体に必要な栄養素をいきなり減らしてしまうと、栄養がまわらなくなり肌がシワシワ、髪はパサパサで逆に老け込んでしまう、なんてことも多いのです。

特に40代以降は女性ホルモンが自然と減少してきますから、間違ったダイエットをすることで、その減少を加速させてしまう恐れも。だから私は糖質も炭水化物もきちんと摂ります。

私の場合、女性ホルモンを分泌させるために効果的だったのがK－POPダンスエクササイズ。**やはり女性らしい動きをしたり、憧れの人を見たりすると女性ホルモンは活性化されます。**

たとえば、大好きなアーティストのライブに行って、目の前にアーティストが登場したら気分が高揚しますし、憧れの俳優やアイドル見ると心が満たされるような気持ちになりますよね。まさに、そのとき女性ホルモンが分泌されています。ですから、患者さんにも「なりたい人、理想とする人の写真を見たり、イメージしたりしてください」とお伝えして女性ホルモンを活性化させるように促しています。

このアドバイスを実行したことでアンチエイジングに成功した患者さんは何人もいます。その中には女優さんやモデルさんなど美を仕事になさっている方も多い。実際、私、本人が成功したひとりでもあるので、自信を持って言えます。

Success Diet

46歳、アラフィフの今が一番キレイと言われます

42歳で一念発起し、約半年で15キロ痩せて、中性脂肪と悪玉コレステロールの数値が正常になりました。体重が減ったことも大事ですが、健康を取り戻したことが「キレイ」に大きくつながったと思います。あれから、4年。リバウンドは一切なし。この間、食生活とダンスは毎日の習慣になってしまいました。

ファッションも、太っていた頃はパンツスタイルばかりのカジュアル系でショートヘアでしたが、体型が女性らしくなったことで仕事の日以外はワンピースやスカートも多くなりました。

ヘアスタイルもロングが似合うようになったので髪を伸ばしメイクもするように。〝ボーイッシュなぽっちゃりおばさん〟から抜け出すことができたのです。

でも、人生最後のダイエットに成功したのは、これまでに果てしない数のトライアンドエラーを繰り返したからこそ。

次の章からは私のダイエット人生を振り返りつつ、トライとエラーの両方をウソ、いつわりなくご紹介したいと思います。

Column 1

カロリーとGI値の話

カロリーよりもGI値を意識すればより痩せる！

太らない食品を選ぶ際、カロリーで判断をしている方が多いのではないでしょうか。一般的に、カロリーの低い食べ物を選ぼうと思いがちですが、数値にとらわれて栄養価のない食べ物を選んでしまい、バランスの悪い食生活になり基礎代謝が落ちて、反対に肥満の原因になってしまう危険性があるのです。

そこで、カロリーよりも気にしてほしいのはGI値（グリセミック・インデックス）。GI値とは食品の血糖値が上昇するスピードの値です。食事を摂ると血糖値が上がりますが、すい臓からインスリンが分泌され血糖値を下げてくれます。しかし、インスリンには糖をエネルギーとし脂肪を溜め込む働きがあるため、余分なインスリンが分泌されると太りやすい体質になってしまうのです。そのため、いかに血糖値を上げないかがポイント。GI値の低い食品から食べることで血糖値の上がり方がゆるやかになり、脂肪を溜めない体になります。

GI値の低い食品の代表は主食なら玄米やそば、野菜ならキャベツや白菜、果物なら梨など（P154で後述）。痩せ体質にシフトチェンジするには、カロリーよりもGI値を意識した食生活を送ってほしいと思います。

Chapter 02

小4で拒食症、中学生で初ダイエット。
ガリ勉の高校時代はドカ食い三昧

筋金入りの
ダイエッター。

そもそも私、
小さい頃から

デブでした。

-15kg

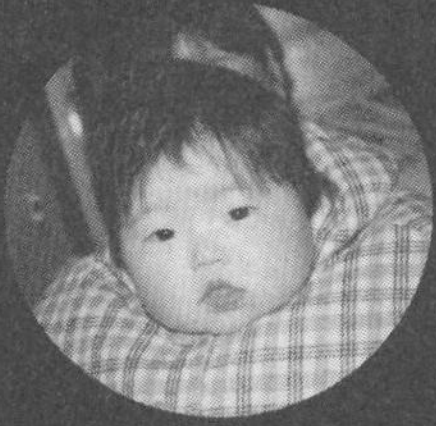

Diet History

私、生まれたときからデブでした

ここからは、生まれてから今回のダイエットが成功するまでの道のりをお話ししたいと思います。

じつは私、生まれたときからデブでした。

出生時の体重は約4000グラムと重量級。新生児室をのぞくと、どこに私が寝ているかが分かるぐらいの存在感を放っていました。母が私を抱いて写真を撮ると、はちきれんばかりのまるまるとした大きな顔で母の顔を隠してしまうボリューム感。とにかく大きくて目立つ子どもでした。

まずは私のダイエット人生に大きく関わる家族構成を紹介します。

わが家は父、母、1歳の上の兄、私、2歳下の弟の5人家族。父は元、産婦人科の医師で現在は関西で内科医をしており、母は現在は事務長兼、化粧品会社の社長をしています。

もともと母方が医者家系で、母も同じ道を目指すべく医学部受験のために勉強していましたが、病気を患い受験を断念。すべり止めの大学で栄養学を学び栄養士の資格を取得。卒業後は、長崎大学の産婦人科の医局で秘書になり、そこで出会ったのが、当時勤務医だった父です。

反対に父は商家に生まれ育ち、突然、医者を志したという異色なタイプ。奨学金をもらいながら医学生としてがんばる、絵に描いたような努力家です。こんな真逆の境遇の2人が出会い結婚しました。

結婚後は兄が生まれ、私が生まれ、弟が生まれ、父が大阪の大学病院の産婦人科に異動し、大阪での生活が始まります。その後、父は大阪で整形外科の病院を開業しました。

Diet History

第二次性徴でどんどん身長が伸びて、大きくなるのが不安でしょうがない！

兄弟の中で紅一点の私。兄と弟の間で育ってきたからか、服もパンツばかりでスカートをはいたことがないし、ぬいぐるみよりも仮面ライダーが好き。負けず嫌いで、運動でも勉強でも兄弟2人よりは上でいたいという競争心丸出しの子どもでした。

それが小学4年生頃になると、身長がグングン伸びてきて胸がふくらみ始める、第二次性徴が始まったんです。

生まれてからずっとぽっちゃり体型ではありましたが、第二次性徴の影響で、小学4年生で身長が155センチまで伸び体重は50キロと全体的に大きくなっていったんです。小学校の相撲大会で男の子に勝って学年1位をとるほどの立派さです。

学校では同級生の男の子から「デカ女」と呼ばれるし、家に帰ると兄や弟からは、「佐和子の体が変わってきた」という目で見られているように感じてしまい、女の子というだけで、男の子よりも負けた気がして、負けず嫌いだった私にはすごくつらかった。

そんな思春期特有の繊細な気持ちを、兄の中学受験の準備や、一番下で手がかかる弟のため兄弟にかまいっきりだった母は、気にする余裕はなかったようでした。父は仕事が忙しく、まったく家に帰って来ず、たまに帰ってきても子どもたちにかまうことはありませんでした。私も父が仕事へ行くときに「おじちゃん、また来てね」と言っていた覚えが……。

3人兄弟だとよくある話ですが、真ん中って比較的、ほったらかしにされがち。それで、ひとりでしっかり育ってしまうから、周りからも「真ん中の子はしっかりしているわね」と見られて、余計放置される。でも、やっぱり寂しいんですよね。

兄や弟に仲間に入れてほしいという思いから、女性としての成長を止めようと必死でした。大きく見えないようにわざと猫背で歩いたり、寝るときは身長がこれ以上伸びないようにベッドに足を押し付けたり、胸のふくらみが分からないようにさらしやベルトを巻いたり。子どもながらに、いろいろと考えて実践していたんです。

そして、甘いものが大好きで、よく食べる私に対して、「佐和子ちゃん、太ったわね……」とか「また、そんなに食べて」とか体型に対して親戚からいろいろ言われることが多くて、地味に傷ついていたんです。

負けず嫌いなクセに、あまり自分からものを言わない内気なタイプでしたから、体型に対して何か言われても言い返すこともできません。そんな親戚からのダメ出しもあって、食べなければこれ以上身長も伸びないし、体つきも変わらないのでは、と思い込むようになってしまった。

一度決めたら徹底的にやらないと気がすまない性格ですから、それ以来食べ物をほとんど口にしなくなったのです。

Diet History

小学生で拒食症になり入院！

一度食べなくなることが普通になると、今度は少しでも食べると体の中で何か起きるんじゃないかという不安がどんどん出てきて「食べる」という行為自体ができなくなってきました。そして、とうとう小学4年生で摂食障害になってしまったのです。

実は思春期に摂食障害になる子どもは案外多く「思春期やせ症」、「小児期発症神経性食欲不振症」とも言われています。身体的・精神病的な原因がなく、食べることをかたくなに拒否してしまい、最悪な場合は死に至ることもある予後不良で最重症な心身症です。発症年齢は10歳以降がほとんどであり、10代後半から20代前半がピーク。発症頻度は10〜20代の女性の500〜1000人に約1人で、男女比は1：10〜20と女性がほとんど。最近顕著に増加し、低年齢化している疾患です。ストレスや挫折感などがきっかけで食べられなくなったり、体重計の数値が減ることで達成感を得られてストレスが軽減するのが特徴。当時、私はまさにこれに当てはまっていました。

兄弟も遊んでくれず、両親にもかまってもらえないという環境が知らずしらずのうちにストレスになっていました。食べないことで親からの注目を浴びてかまってもらいたという気持ちから、食事を受け付けなくなっていました。でも、当時は「思春期やせ症」なんて言葉も知らないし、摂食障害も今ほど認知されていない時代。食べない私はとにかく怒られました。

特に父はかたくなに食べ物を口にしない私にものすごく怒り、「なんで食べないんだ！」と食べ物を顔にグリグリ押し付けてくる！　そうすると余計、食べたくなくなってしまい、ますます食べ物を見るのが嫌になるという悪循環の毎日。そんな日々のせいで、身長155センチで体重が30キロ前半まで痩せてしまいました。これには、さすがに両親も娘の生命の危険性を感じたようで、大阪大学病院の小児科へ入院することになったのです。

ここで私の運命を変える出会いがありました。それは担当医の児玉先生という女医さん。児玉先生は子育てをしながら、当時、助教授という立場で周りからも一目置かれるお医者さんでした。

時間があると、よく私のところに来てくれて、話しかけてくれたり、私の話を聞いてくれたりしたのです。それがすごく嬉しくて。自分のことをしっかり見ていてくれて、褒めてくれる先生のことが大好きになったんです。

当時、私は何でも1番でないとダメなタイプでした。学級委員もしていたし、運動も学年で1番でしたし。でも、小学4年生になった途端、第二次性徴期の影響で女性らしくなっていった私は男の子との体力の違いが出てきて、運動をはじめ、いろいろな部分で、どんどん1番から落ちていく自分を情けなく思っていたのです。

そんな私に児玉先生は「頑張らなくていいのよ」と1番であることばかりが重要ではないと教えてくれたのです。先生と出会ったことで、自分も将来は小児科の先生になりたいという思いが強くなりました。

入院中は母親も私にかまいっきり。弟を連れて毎日お見舞いに来て、私が大好きなマクドナルドのチョコやいちごシェイクを差し入れしてくれるんです。それがすごく楽しみで、少しずつ食事ができるようになってきました。

それと同時に私の意識を変えたのは、同じ部屋に入院している子どもたち。大部屋だったので、私の隣には白血病や腎臓病など重い病気を抱えている子もいて、昨日までしゃべっていたと思ったら、翌日にはベッドが空で亡くなってしまっていた、なんてことも何度もありました。子どもながらに、自分はそんなに大きな病気でもないのに何をしているんだろうと思うようになり、頑張って食事を摂るようになりました。

それから数カ月に退院を迎えて、なんとか留年はせずに小学校5年生に上がることができました。この経験があってこそ、世の中にはいろいろな境遇の人がいて、私だけではなく、みんなそれぞれ悩みを抱えているのだと思うようになりました。

Diet History

拒食症から再び、ぽっちゃりへ逆戻り

小学5年生で学校に復帰して、料理部に入りました。みんなで好きなお菓子を作る部活だったんですけど、そこから再び甘いもの好きが目覚めて、体重は順調に上昇。そして、小学6年生のとき、アメリカのデトロイトに3カ月間、ホームステイに行きました。

母の弟夫妻が共に医者なのですが、2人がデトロイトへ医学留学に行ったので、私も英語の勉強のために、叔父と叔母の家にお邪魔して2人が働くところを間近で見させてもらいました。英語でミーティングをしてバリバリ医者して活躍している2人を見て、私も将来はこういう国際的な医者になりたいとあらためて決意したのです。

それと同時に衝撃を受けたのが、アメリカの人たちのオープンな性格や太っていても気にせずになんでも食べる姿。言いたいことも言えず内にこもる性格の私には、まったく別の世界に写りました。そして、アメリカの食べ物にガッツリハマるわけです（笑）。

キングサイズのハンバーガーにアイスクリーム、生クリームたっぷりでチョコレートソースがけのジャンボケーキ。好きなだけ食べても「デブになるからやめなさい」とは誰も言わない。もう、夢のような期間でした。

Diet History

中学ではピザ28枚にケーキ24個をたいらげて伝説に

中学に入ってからも私の食欲はおさまることを知らず、数々の伝説を残しています。まず、『シェーキーズ』のピザ28枚。アメリカンタイプの薄い生地のピザなんでどんどん入っちゃうんですよ。おまけに食べ放題コースだったので、最高28枚までいきました。当然のことですが、ピザは炭水化物と油のミックス。それだけ食べて太らないわけがありません。

それからケーキバイキング。私がよく行っていたのは当時、大阪マルビルに入っていたお店。ケーキバイキングだと普通、たくさんの種類が食べられるようケーキが小ぶりなんですけど、そこは通常サイズ。これを最高24個。「食べ盛り」という枠を完全に突き抜けた食べっぷり。ケーキは炭水化物と糖分がほとんど。血糖値が急激に上がった状態でたくさんのケーキを食べ続けますから、インスリンは分泌され続けます。バイキングでのドカ食いは、脂肪を溜め込みに行くようなものでしたね。

Diet History

人生初のダイエットはりんごダイエット

そんなこんなで中学時代はパンパンだったワケですが、初めて意識的に「ダイエット」に挑戦したのが中学3年生。あくなき食への欲求からか、小学時代と同様、中学でもクッキング部に入部し、お菓子を作っては食べての毎日。もともと

Diet History

食への意識を変えた「きゅうり弁当」事件

太りやすい体質ですから、食べた分はしっかり見た目と数字に出るわけです。そうすると兄や弟から「太った」と容赦ない言葉をぶつけられ……。

負けず嫌いで気にしいですから「太ったって言われないようにしないと」と思い中3の夏休みに初めてのダイエットを決行。それが、当時流行の『りんごダイエット』[※1]でした。夏休みのため学校でお弁当を食べることもないので3日間りんごだけしか食べないダイエットに挑戦！

りんごダイエットのメリットは、りんごに含まれる不溶性食物繊維が体内に入ると水分を吸収して、お腹を膨らませてくれるので食べ過ぎを防いだり、りんごポリフェノールが脂肪の吸収を抑えてくれたりします。3日間、りんごしか食べないわけですから、一時的には体重は減りましたが、翌日からご飯とお菓子を食べれば元通り。あっさり失敗です。

当時、中学の昼食はお弁当で毎日、母が作ってくれていました。ところがある日、お弁当箱を開けてみると、ごはんの上にきゅうりしかのっていない。「えっ!?」と思い茫然と眺めていたら、友達が「どうしたの！」とお弁当箱をのぞいて「うわっ！　何これ！」。そりゃそうだ。きゅうりメシですもの。その日は購買部でパンを買いましたが頭の中には「？」でいっぱい。帰宅するなり母親に「あのお弁当何？」と聞くと「覚えてない……」という返事。すると帰宅した兄と弟も「あの弁当何だよ！」と大騒ぎ。3人全員がきゅうり弁当だったんです。

その頃、母親は体調があまり良くなくて、不眠症にも悩んでいたようです。またきゅうりメシにされたら困るという思いから、自分も一緒に手伝ってお弁当を作るようになりました。

それがきっかけで食に興味を持つようになったんです。もともとお菓子作りが好きでしたから料理は得意なほう。どんな食材を使えば健康的になるのかを考え

[＊1] **りんごダイエット**
80年代に流行。りんごは1個あたりが約150キロカロリーで、満腹感が得られつつ摂取カロリーが抑えられるため、ダイエットに有効な果物。また、りんごにはダイエットや美容に役立つ成分も豊富で、整腸効果や塩分の排出作用・抗酸化作用も期待できるとされていた。

ながらヘルシー志向になっていきました。

Diet History

驚くほど痩せたグラノーラダイエット

私は、性格的にひとつのことにハマると、とことん調べて、ガッツリハマるタイプなんです。ヘルシーな食材が気になり始めてからは、自然食品を販売している「ナチュラルハウス」に通いづめ。ここのお菓子は低カロリーでヘルシーですが、値段が少し高いので、お小遣いをためて買うように。それから今まで食べていたお菓子を自然食品に変える**『野菜クッキーダイエット』**[※2]、**『グラノーラダイエット』**[※3]が始まりました。

その中でも気に入ったのがグラノーラ。たくさんナッツが入っているグラノー**ラはミネラル、ビタミン、食物繊維がしっかり摂れて血糖値も上がりにくい。**このグラノーラはまさに今も実践しているダイエットで、間食などで積極的に摂っていますが、当時は「これおいしい！　なんだか健康そう」という感じで食べていました。

そうしたらみるみるうちに痩せていって、高校生1年生で身長160センチで体重は45キロぐらいになり、かなり痩せました。当時は兵庫の西宮に住んでいたんですけど、近所にグラノーラ専門店ができて、少ないお小遣いを費やしていました。夙川《しゃくがわ》のダイエーの裏にあるお店で、よく自分でも見つけたなと思います。今になって考えれば、かなり最先端のお店ですよね。

Diet History

高校時代は大好きなポッキーダイエットで下半身太り

人生で一番痩せた時期でしたが、残念ながらあまりパッとしない女子高生でし

[*2] 野菜クッキーダイエット
にんじん、かぼちゃなどの野菜を生地に混ぜ込み糖分控えめで、野菜の栄養素もありダイエット時のおやつに最適。

[*3] グラノーラダイエット
食物繊維が豊富で、噛みごたえもあり、ダイエット効果大のグラノーラ。糖質やカロリーが高めのものには注意。

た。恋愛にまったく興味がなく、彼氏のいる友達を横目に勉強ばかりしていました。

この頃から医学部に入るための勉強をスタートして、高校2年生からは予備校にも通いはじめて勉学まっしぐら。予備校でイケメンのチューターをワイワイ追いかけている仲間と「かっこいいよねー」と一応同調しつつも正直、どうでもよかったです。

だから高校時代は彼氏もいないし、女子高だったので男性に対して免疫ゼロ。ファッションにも興味はなく、制服以外はトレーナーやスウェット。もちろんデートなんてしたことなかったから、オシャレが分からないし、女子高生らしいキラキラ感はゼロでした。

でも、ダイエットだけは相変わらずやっていました。

グラノーラダイエットで痩せたんですが、ちょっと手を抜くと5キロぐらい平気で増える。そうすると『りんごダイエット』や『すいかダイエット』[※4]など食事を置き換える系のダイエットで太った分、戻すということを繰り返していました。

そんな中、ハマったのが『ポッキーダイエット』[※5]。当時、アーモンド味のポッキーが大好きで朝、昼、夕食の後、必ず1箱食べていたんです。一時期はヘルシー志向で自然食品のお菓子やグラノーラを食べていたのに、一度、ポッキーを食べたら、美味しさのトリコになりました。そうなると、体重は増加の一方。でも、どうしてもやめられない！　だったら、ご飯を抜いてポッキーだけ食べれば太らないはず！　と10代ならではの思い込みで1日3食、ポッキーだけしか食べないダイエットを実践。

スイーツは血糖値を上げる糖分がたっぷり。そのうえ、他に何も食べていないわけですから、血糖値は上昇の一途をたどります。そして、ポッキーは炭水化物ですから体がむくみやすくなるし、炭水化物に含まれた脂質が溜まり、下腹が出てしまう原因にも。特に私は足がむくんで下半身が太くなってきて……。ポッキ

[※4] **すいかダイエット**
アミノ酸の一種・シトルリンの利尿効果と食物繊維で、老廃物を排出しやすい体質に。夏の水分補給にもグッド。

[※5] **ポッキーダイエット**
食事をお菓子（ポッキー）のみに置き換えたダイエット。甘いものが好きな女性がしがちなNGダイエット。

ーダイエットも失敗です。

1日1食にしてその分好きな食べ物だけを大量に食べる一食だけダイエットは高校時代によくやっていました。他にもお正月の時期には大好きな黒豆しか食べない『黒豆ダイエット』[※6]を実践。**黒豆に含まれているイソフラボンは腸内を活発化させて、老廃物を排出させる効果や、サポニンが脂肪吸収を抑制してくれる**などさまざまなダイエット効果があります。

ただ、お正月用に買ってきた黒豆を1日で1瓶食べてしまうなど、相変わらずドカ食いをしてしまい失敗。私が食べていたのは砂糖で煮た黒豆だったので、糖分過多になっていたのです。教訓としては、好きな食べ物だけ食べるダイエットは、栄養バランスが悪いのでおすすめできません。

Diet History

創意工夫あふれるサランラップ&ドライヤーダイエット

下半身太りにものすごくコンプレックスを感じ、実践したのが『サランラップ[※7]

ダイエット』。太ももからふくらはぎまでをサランラップで巻いて引き締め&保温効果で汗を出して脂肪燃焼……と思っていましたが、巻くだけで汗が出るわけもありません。脂肪燃焼は動いてエネルギーを消費してこそできるもの。

ならば、汗を出せばいいんだ！　と思い、ドライヤーをあててその熱で発汗作用を高める『ドライヤーダイエット[※8]』にもチャレンジ。その結果、低温やけど寸前に陥りました。

おまけに、肌に直接熱風をあてることで肌が乾燥してカサカサに。下半身をラップでガチガチにかためてドライヤーをあてている私を兄と弟は怯えた目で見ていたのを思い出します。そして母からは「サランラップがすぐなくなる！」と大目玉をくらいました。

［※6］**黒豆ダイエット**
サポニンが脂肪吸収を抑制。食物繊維が便秘解消にも効果的。甘いものは当然砂糖たっぷりなので食べる量には注意。

［※7］**サランラップダイエット**
「気になるパーツの部分痩せに」と流行。大量の汗をかく反面、皮膚呼吸を妨げ、血流が悪くなる可能性も。

［※8］**ドライヤーダイエット**
ドライヤーの熱で温めることで発汗を促す。冷え対策などには向いているかもしれないが、ダイエット効果は疑問。

Diet History

ハーゲンダッツがとまらない浪人時代。再びぽっちゃり突入

高校3年生のとき、勉強ばかりしていたわりにあっさり第一志望の大学に落ちてしまいました（涙）。両親は「女の子が浪人するなんてダメだ！　別に医者にならなくてもいいんだから」とものすごく反対されましたが、私はどうしても第一志望の大学に行きたくて「1年だけ」という約束をして、浪人生活に突入。それで予備校に通い始めたんですけど、着ていく服がないんです！

それまでは高校の制服があったけれど、予備校は私服通学。でも持っている服はトレーナーとスウェット。しょうがなく母親の服を借りて通学することに。

今、思えば18歳の女の子が母親の服って……それも結構なおばさん服。ウチの母親もぽっちゃり体型なんでサイズも大きくて、よりおばさんらしさが際立っていました。そんなゆるい服を着ていると、体にも緊張感がなくなってくるんですよね。

でも、この1年で絶対に志望校に合格するという目標があったので、見た目よりも勉強に集中。おばさんファッションに身を包み、自宅と予備校を往復する毎日でした。

そんな中、唯一の楽しみだったのは予備校に行く途中にあったハーゲンダッツ。テイクアウト用のアイスの詰め合わせを1箱買って1週間で食べきる。当時はまだお小遣い制だったんですけど、ほとんど食べ物に消えていましたね。この頃からストレスを感じると食に走るという性質が強くなってきました。

Diet History

晴れて大学入学！ カエル色のボディコン事件で乙女心がズタズタ

1年の浪人時代を経て、見事、医学部に入学しました。そのお祝いとして父が初めて私に洋服を買ってくれることになり、一緒に買い物に行ったんです。これまで両親に洋服を買ってもらったことなんて一度もなかったので嬉しくて。でも、父が「これだ！　佐和子にはこれが似合う」と選んでくれたのは蛍光のカエル色のボディコンワンピース。緑じゃありません、カエル色です。確かに当時はバブル期でボディコンは流行っていましたけど、なぜにカエル色なのか……。おまけに派手な蛍光色。私の意見を聞く前にすでにお会計が終わっていました。

そんな一張羅ワンピースを着る機会が早々にやってきました。兄も関西の医大に在籍していて、医学部の学生が集まるパーティーを開くことになり「佐和子も友達を連れておいでよ」と誘われたんです。

さて、何を着ていくか、となったときに私の一張羅はカエル色のボディコンしかありませんでした……。渋々、着てみたら予想以上にピタピタでぽっこりお腹がとっても目立つ。「これはさすがにまずい」とは思ったけれど、洋服を買いに行く時間もない。しょうがなくカエルスタイルでパーティーに向かいました。また運悪く、一緒に行った友達が細くてスタイル抜群。比較対象が悪すぎる。

お腹を隠すようにパーティーに行ったものの、なんだかみんなが私のお腹や太い足を見ている気がして。案の定、耳に飛び込んできたのは「あの子、お腹スゴイよな」「足、太くない？」という声。恥ずかしくて悲しくてすぐに帰ってきてしまいました。

そんな悲しみにくれる妹を前に、帰宅した兄から「なんだよあの服、オマエ、くびれがなくて足が太すぎだよ」という容赦のない声。兄は今でこそ太っているのですが、大学時代は痩せていたから、「お前は痩せているのに妹は太っているんだ」と周りの友達に言われたみたいで。それもわざわざ丁寧に伝えてくれるんですよ。女ゴコロは大学入学と同時に踏みにじられました……。

この出来事をきっかけに、私のダイエッター根性が再び燃え上がり、無茶なダイエットを始めることに。ちなみに、カエル色のボディコンはそれから一度も着ていません。

Special Column 01

私が試して

ダメだった ダイエット ワースト5

これだけは絶対に真似してほしくない方法

ダイエッター人生の中で、数え切れないほどのダイエットを試してきました。食べ物やダイエットマシン、スリミングコスメなど種類はさまざま。その中でもこれは「ダメだった」というダイエットワースト5を紹介します。効果そのものや、その後のリバウンド、コストパフォーマンスの面やダイエット後の副作用など、いろいろな側面から見て、決して真似してほしくないダイエットの数々です。

1

ポッキーダイエット

効果 ★☆☆☆

リバウンド ★★★☆

コスパ ★★☆☆

体にいい ゼロ

食事の代わりに大好きなポッキーを朝昼晩
添加物の影響で代謝が下がり下半身太りに

高校時代に大好きだったアーモンドポッキー。食事の代わりに朝昼晩食べていましたが、他の栄養素をとらずお菓子ばかりは絶対にNG。お菓子やスナック菓子にはショートニングというトランス脂肪酸を含むものが使われていることもあり、代謝機能を下げるだけでなく、腸内で悪玉コレステロールを増やすためお腹ぽっこりの原因や、代謝の滞りにより下半身太りを引き起こします。私もこの時期は足が太くなってしまいすごいコンプレックスに。動脈硬化や発がん性のおそれなど健康面でも悪影響を及ぼすので、お菓子だけの食生活はやめましょう。

2 下剤ダイエット

効果 ★★★☆
リバウンド ★★★★
コスパ ★★☆☆
体にいい ゼロ

乱用することで腸の中が色素沈着お腹ぽっこりの逆効果になることも

私が今でも後悔しているダイエットが下剤を使ったダイエット。もともと下剤はダイエット用ではないのに、痩せたいがために規定量より多く飲んでいた影響で大腸メラノーシスになってしまったのです。下剤は腸の粘膜を刺激して強制的にぜんどう運動を起こし排便を促します。その刺激により腸の粘膜にメラニンが分泌して色素沈着を起こす、つまり腸の中がシミだらけの状態。そして、下剤でからっぽになった腸内は吸収率が高くなり、食べ物をたっぷり吸収して反対にぽっこりお腹になってしまうこともあります。

3

補正下着ダイエット

効果 ★☆☆☆

リバウンド ★★★★

コスパ ★☆☆☆

体にいい ★☆☆☆

締め付けによる血流の悪化と着ているストレスで常にイライラ

社会人になって給料をつぎ込んだ補正下着。着るだけで痩せる……わけはなく、人の体は形状記憶ではないため脱げば元どおりです。さらに、体を圧迫するため血流の巡りが悪くなり代謝が落ちてしまう可能性も。また、着ているときの圧迫感もスゴイ！　着るのに時間がかかるし、着た後もキツさのあまりイライラしてストレスホルモン、コルチゾールが倍増。極めつけは自宅に帰って補正下着を脱いだ解放感から気持ちがゆるみ、なぜかお腹も空いてしまい、暴食してしまう結果に。値段のわりには効果どころかストレスが溜まるダイエットでした。

4 すいかダイエット

効果 ★★★☆
リバウンド ★★★☆
コスパ ★☆☆☆
体にいい ★☆☆☆

一時的に体重は落ちるもののあっさりリバウンド。大人には効果ナシ

高校の夏休み時代にチャレンジしたすいかだけを食べるダイエット。人間の体はさまざまな栄養素でできていますから、一食置き換えダイエットは一時的に体重は落ちても、不健康な痩せ方をしてしまいキレイに見えません。また、代謝が活発な若い頃は体重が落ちても、大人になると落ちにくくなります。そして、リバウンドが早いことも特徴。ただ、すいかは抗酸化作用があり血流をよくするシトルリンや新陳代謝を促し肌の老化を予防するリコピンが含まれているのでアンチエイジングの面からはいい食材。適量で摂る分には問題ないでしょう。

5 サランラップダイエット

効果 ★☆☆☆
リバウンド ★☆☆☆
コスパ ★★★☆
体にいい ？

発汗作用もなければ細くもならない 敏感肌だとかぶれるおそれも

高校時代に流行ったサランラップダイエット。細くしたい部分にラップを巻いて、サウナスーツのように発汗作用を高めるというダイエット法です。当時はそれを信じてトライしましたが、ラップを巻いただけでは発汗作用はありません。かえって皮膚呼吸を妨げてしまったり、補正下着同様、血流を悪くしてしまったりします。そして、サランラップを肌に直接巻くため、敏感肌の人は肌がかぶれてしまったり、炎症を起こしてしまったりすることも……。健康面や肌への影響を考えると決しておすすめはできません。

Diet History

とにかく痩せたい思いで寒天ヌードルダイエット

下半身太りに悩んでいた私が着手したのは、当時流行っていた『**寒天ヌードルダイエット**』※9。**寒天は低カロリーで脂質もほとんどなく、食物繊維も豊富。便秘解消や老廃物を対外に排出する効果があります。**

そんな寒天で作ったヌードルを主食にして、小腹が減ったらセロリをポリポリ食べる『**セロリダイエット**』※10も挑戦。セロリはカリウムが含まれており、デトックスだけでなくむくみを解消する効果も。とにかく下半身のむくみが気になっていた私はその情報を知り、そのままではクセのあるセロリを浅漬けにして食べていました。

そして間食は、お腹の中で膨らみ少量で満足感を得られる『**おからクッキーダイエット**』※11を実践していました。

Diet History

ゆで卵ダイエットは軽くトラウマに……

大学時代は流行りの食べ物系のダイエットはとにかく試しました。まずは『わかめダイエット[※12]』。**わかめに含まれているヨウ素は甲状腺ホルモンの生成を促進し、エネルギー生産を高めるため脂質・糖質代謝を促します。**

私は夕食に大量のわかめを入れたお味噌汁を飲んでいたのですが、夜中、寝ていると大量の唾液が出ていて目が覚めたのです。これは、わかめに含まれるアルギン酸の過剰摂取による唾液の過剰分泌の症状。ヨウ素は摂りすぎてしまうとかえって甲状腺の病気になることも。推奨量は1日10g程度です。夜中の大量唾液事件におびえてしまい、このダイエットは中止。

[※9] **寒天ヌードルダイエット**
超ローカロリーで食物繊維やカリウムが豊富。美味しくて食べごたえもあり、麺好きダイエッターの救世主的存在。

[※10] **セロリダイエット**
独特の香りが特徴のセロリは、カリウムが多く含まれ、体内の余分な水分や塩分を排泄する効果が高い。

[※11] **おからクッキーダイエット**
大豆から作られるためカロリー低め。高たんぱくで食物繊維豊富。水分と一緒に摂ると満腹感がアップ。

[※12] **わかめダイエット**
水溶性の食物繊維やミネラルをたくさん含む海藻。かさを増して満腹感を高めるため、ダイエットに活用される。

『ゆで卵ダイエット』[※13]は、1日に卵だけを食べるというダイエット法。朝食をゆで卵だけにしたり、昼食はパンとゆで卵にしたり。1日12個ぐらい食べていたので、お腹がパンパンになって、そのうち見るのも嫌になるように……って当たり前。なんでも極端にやりすぎなんですよね。

でも、**卵はビタミンC以外が揃っている完全栄養食。そのビタミンCを補うためにサラダに入れると効果的です。**今でも朝食に卵は摂るようにしていますが、ゆで卵トラウマから、目玉焼きかスクランブルエッグで食べるようにしています。ポイントは卵は半熟だと体内での吸収率が上がってしまうので、調理する際は固ゆでにするのがいいでしょう。

その後は**『キャベツダイエット』**[※14]。食事を摂る前にキャベツをたくさん食べてお腹を膨らませてから、おかずを食べる方法。**キャベツには免疫力をアップさせる効果や、キャベジンという胃腸を健康に保つ働きを持つ成分が含まれています。**ただ、キャベジンは熱に弱いため加熱せずに生で食べること。キャベツサラダなどにするのがおすすめです。当時の私は、そんな知識はないので加熱して食べていたため、結果はイマイチ。きちんとした食べ方をすればキャベツダイエットはおすすめですよ。

そして、飲み物は『ダイエットコーヒー』[※15]といって、**ダイエット成分のL－カルニチンが配合され、脂肪分解を促進する**と話題だったドリンクもよく飲んでいました。ただ、そのコーヒーと一緒にケーキや甘いものを食べていた私。「コーヒーがダイエット成分があるんだから、甘いものを食べても大丈夫！」という学生ならではの間違った理論で、当然痩せることはありませんでした……。

当時、インターネットがない時代ですから、ダイエットの情報はテレビか雑誌か口コミ。特に大学時代、仲が良かった友達が私と同じぐらいダイエットが大好きで「この間、テレビで見たダイエットコーヒーを買いに行こう」とか「キャベ

［※13］ゆで卵ダイエット
ゆで卵はGI値が低く、ダイエットのサポート食として、たんぱく質の補給源として昔から人気の食材。

［※14］キャベツダイエット
食事前にキャベツを食べて、空腹をコントロールするダイエット。「生のキャベツをよく噛んで」がポイント。

［※15］ダイエットコーヒー
ダイエット成分が豊富で、「飲むだけで燃焼力が高まる」と話題になったドリンク。ミルクや砂糖は厳禁！

ツがいいらしいよ」とよく情報交換をしていたんです。そのときはメディアの情報がすべてだったので、手あたり次第、試していたのです。

でも、どのダイエットも失敗しているのは、「ただ、食べれば痩せる」「飲めばスリムになる」と食べ合わせも考えずに摂取していたから。ひとつの栄養素だけでは決して痩せることはできません。さまざまな食べ物から摂取した栄養素の組み合わせによって痩せ体質になることができるのです。

Diet History

「これはヤバい！」生理がとまった油抜きダイエット

高校・大学時代は結構めちゃくちゃなダイエットを試していましたけど「これはまずい！」と思ったのは『油抜きダイエット[※16]』。油を使った料理を一切摂らないダイエットです。ドレッシングやマヨネーズなどの調味料はもちろん、揚げ物や炒め物などもダメ。そうするとほとんどの料理が食べられなくなり、結局、食べられるのは生野菜かゆで野菜ぐらい。

そんな食生活を続けていたら、ある日、生理がとまったんです！　それもそのはず、油には脂質であるコレステロールが含まれますが、これは女性ホルモンをつくるうえでの大切な要素。ですから、油を一切摂らなくなったことで女性ホルモンが減少し、生理がとまるという事態を引き起こしてしまったのです……。

質の悪い油を多く摂りすぎるのは体によくないですが、**良質な脂を適度に摂るのは女性ホルモンを活性化させ、美肌効果や体質の向上が期待されます。このときから私は、オメガ3、6、9が豊富に含まれているエゴマ油などを摂るようになりました。**

そして、当時流行ったダイエットといえば**『とうがらしダイエット』**[※17]。タバスコや一味などをたくさんかけて辛味の成分であるカプサイシンの作用で脂肪を燃焼させるというもの。ただ、過剰摂取は胃の粘膜を刺激して過度の負担をかけて

[※16] **油抜きダイエット**
「油は高カロリーでダイエットの敵」として、油を1滴も摂らない、完全カットをする食事法が80年代に流行。

[※17] **とうがらしダイエット**
90年代に流行。カプサイシンが脂肪を燃焼するとして、外食時にも七味や一味、タバスコを持ち歩く女子が続出。

しまい腹痛や下痢を引き起こすことも。私も過剰に摂りすぎて胃炎を起こしてしまい病院に駆け込む事態に。これはすぐにやめました。当時は一生懸命、医学の勉強はしていたんですけどね……。ダイエットとなると話は別でした（涙）。

Diet History

人生で初めての彼氏！恋愛ダイエットは効果抜群

いろいろとやりましたが、私が大学時代に一番痩せたのは、初めての彼氏ができたとき！　これまでまったく恋愛に興味がなかった私になんと彼氏ができたんです。相手は同じ医学部の２年先輩。大学に入って初めての合コンで知り合ったのですが、何度か食事に誘われて。最初は数人のグループで行っていたのが、いつしか２人で会うことが多くなり……と、すごく自然な感じでお付き合いに発展しました。

バブル期ですから女子大生というだけですごくモテて、周りではゴハンだけおごらせるメッシーとか送ってもらうだけのアッシーとかが流行っていた時代。でも、私は本当に彼としか遊びに行かないし、興味もなかった。手をつなぐまで2年かかったほど、すごく健全なお付き合いでしたね。ただ、一緒に遊んだり、ファミリーレストランで解剖学や病理を教えてもらったりしていました。

それぐらい好きな人ができたから、キレイになりたいと思うようになったんです。これまで痩せたいと思って何度もダイエットしていましたけど「キレイになりたい」と思ったのは初めて。パンツばかりでファッションに興味ゼロだったのがワンピースやスカートをはき始めたりと、コンプレックスだった足も出すようになりました。

とはいっても相変わらず洋服はほとんど母のおさがりなのですが……。自然と食も細くなってきたし、あんなに大好きだったハーゲンダッツも食べたいと思わなくなった。ホント、恋ってすごいです。これまでのどのダイエットよりもキレイで健康的に痩せましたから、**『恋愛ダイエット』**[※18]は最強です（笑）。

恋愛をすると女性ホルモンである「エストロゲン」の分泌が増えて、体型が女性らしくなったり、肌ツヤがよくなったりする効果が認められています。**女性ホルモンはメンタル面と密接な関係があるので、恋愛がうまくいき、愛されている自信からストレスが減り、セロトニン、別名「幸せホルモン」が多く作られ、痩せやすい体質に変化していきます。**だから「恋をしてキレイになる」は間違っていないんです。

少し余談ですが、わが家は子どもたちにかなり厳しい教育をしていて、お小遣いもほとんどもらえず、何か欲しいものがあると親の許可がないと買えませんでした。

開業医なんだから多少はお金あるでしょ！　と思いましたけど、父は苦学生から一代で医者になった人だから、財布の紐《ひも》はとにかく固い。ボールペン1本でもインクがカスカスになるまで使っていました（笑）。父の外来を手伝うと、インクがなくなっているのにまだ置いてあるから、どのボールペンを使っても書けない。とにかく物が捨てられない父なのです。特に私はひとり娘なので余計厳しくしつけられました。兄や弟は私より多めにお小遣いをもらっていたらしいですけれど「佐和子は嫁に行ったら、相手の家庭に入らないといけないんだから、若い頃から贅沢《ぜいたく》をしちゃいけない」という、子どもから見たらわけがわからない理由でお小遣いが激安でした。まさか、そんな娘が兄弟の中で一番早く独立するなんて思わなかったでしょうけど。

そんなこんなでお金もないし、門限は22時だし、外泊なんてもってのほか。だから彼とのデートのときも22時に間に合うように車で送ってくれるんですけど、5分遅れたときがあって。そうすると門の鍵を閉められるんです！　本当に開けてくれないから玄関の前で私が泣いていると、母がこっそり開けてくれる……みたいな。小学生が悪いコトをして締め出されるのと同じ状態でした。

門限に関しては父のほうが厳しくて、入学当時はゴルフ部に入ったんですけ

[*18] **恋愛ダイエット**
人は「ときめき」という快感を得ると食欲が低下するといわれている。これは、「ときめき」による性中枢の刺激が実際に食欲を低下させ、満腹中枢刺激作用を活発にさせることがその理由だそう。そのため「恋愛」を活用して行うダイエットは、じつはかなり効率的とも。

ど、門限に間に合わないから結局やめちゃうほどでした。

その代わりに始めたのがアルバイト。デート代を稼ぐために家庭教師と進学塾の講師のバイトをかけもちで始めたんです。進学塾の方は生徒から人気が出ると時給も上がるシステム。最初は2000円ぐらいからスタートなんですが、結構、生徒から人気があって8000円ぐらいになりました。だから大学生で月給40〜50万円ぐらいはラクに稼いでいたんです。そのお金を何に使ったかと言うと、やっぱりダイエットでした（笑）。

Diet History

バイト代は『痩身エステ』につぎ込む

人生で初めての彼氏、人生で初めて自分で使えるお金がたくさんある。そうなると〝お金がかかるけどキレイになれるダイエット〟を試したい！　そう、『**痩**※19**身エステダイエット**』です。まず、脱毛から始めたんですけど、当時は両わき脱毛で100万円ぐらいかかった記憶があります。そこから痩身エステも勧められて。憧れもあったし、バイトで稼いだお金もあったし、言われるがままコースに入会しました。

マシンなどを当てて汗が出ると「500グラム減った!」と痩せた気持ちになるんですよね。実際に3カ月ぐらい通って4キロは減りました。

ただ、毎回、ウエストや体重を測るんですけど、太っているとエステティシャンに怒られるんです。「太りましたね」とか「何、食べていたんですか」とか言われるのがすごくつらくて。お金をかけてエステに行っているにもかかわらずストレスを抱えてしまいました。確かに痩せたし、肌はキレイになったかもしれませんが、少しずつ足が遠のいてしまいました。

当時、私も彼も学校で忙しくデートするのは月1回程度。彼と会うときは小食でも、もともとは大食漢。自宅ではその分、しっかり食べるようになっていまし

[*19] **痩身エステダイエット**
エステティックサロンで行われる痩身のメニューで痩せる方法。セルライトマッサージ、脂肪吸引、サウナドーム、EMSなど種類はさまざま。その他、毎日の食事記録をつけてサロンのスタッフに提出するケースもあり、「それが、かなり厳しい!」との噂も。

た。それでデート1週間ぐらい前から食事を抜き始めて、体型を整える。会う前日は「夕飯は食べないでおこう」とか、食べてもローカロリーな**『こんにゃくダイエット』**[※20]にしたり。

20代は代謝がいいから1食抜くだけで、体重が減ったりほっそり見えます。だから大学時代は痩せたり、少しぽっちゃりしたりを繰り返していました。

Diet History

禁断の下剤ダイエットで大後悔

この頃、ぽっちゃりになってくると次々と流行りのダイエットに手を出していました。その中で、今でも後悔しているのが**『下剤ダイエット』**[※21]。食べ過ぎた日に下剤を飲んで無理やり排出させるものです。

そもそも下剤とは薬の作用で大腸にぜんどう運動を促し、便を肛門の方向へ移動させようとします。しかし、便が溜まっていると腸内が張りはじめ腹痛を起こす原因にもなります。

また、多用したり乱用すると、どんどん効き目が悪くなり、反対に便秘体質になってしまう可能性があります。私がまさにそれ。規定容量をはるかに超える量を飲んでいて、そのうち強烈な便秘になってしまったんです。

そこから下剤は飲まないようにしましたが、ツケは数十年後にやってきました。30代で大腸ポリープを患ったときに検査を受け、医者から言われたのは「アナタ、腸が真っ黒だよ」という衝撃的な言葉。刺激性の下剤を多用することで腸の粘膜に付着して色素沈着を起こす大腸メラノーシスという症状になり後悔……。

この経験を踏まえて、健康的なダイエットをしようと思い、はじめたのが**『青汁ダイエット』**[※22]。青汁はケールや大麦若葉、明日葉《あしたば》など食物繊維が豊富な野菜を積極的に摂り、便通をスムーズにさせて下腹をすっきりさせてくれます。

今では、飲みやすいよう工夫されていますが、この頃は粉末を溶かして飲むと

[※20] こんにゃくダイエット
低カロリーで食物繊維が豊富なためデトックス効果抜群。その反面、味や食感が単調で飽きやすいのが難点か。

[※21] 下剤ダイエット
下剤を飲むことで食べたものが消化器官にある時間を短くし、吸収を妨げる。厳密にはダイエット法ではない。

[※22] 青汁ダイエット
青汁によく使われているケールや大麦若葉、明日葉、桑の葉などの野菜は食物繊維の宝庫。野菜不足や便秘解消に。

いうタイプしかなく、これがひどい味で。あまりのマズさにすぐにやめてしまいました。やはり、いくら体によいとは言っても、味覚に合わない食材は続けられないものです。

Diet History

場所だけとって効果ナシの通販ダイエット

大学を25歳で卒業して大阪の病院の眼科医として働き始めました。

小学校時代の拒食症だった頃の経験から最初は小児科を目指していましたが、母の知り合いが緑内障で失明し、目が見えない絶望感から自殺をしてしまったという話を聞いて、少しでもそういう人を減らしたいと眼科へ進むことにしたのです。

医者になってからは、当直も多くてとにかく忙しい毎日でした。あまりの忙しさに、家へ帰れず病院に住んでいるような状態。そんな私の惨状を見た病院の事務の方が特別に看護師の寮に入れてくれたんです。ここで初めて実家を出て、一人暮らしをすることになりました。ちなみに、この時期も体重は安定せず2〜3キロぐらいは増えたり減ったり。

忙しいけど痩せたいし……という私の悩みを叶えてくれたのは通販！　この頃はまだインターネットがそこまで普及しておらず、通販はもっぱら深夜のテレビショッピング。

仕事から疲れて帰ってきて、ボーッとお菓子を食べながらテレビを観ると、座るだけで痩せる『骨盤矯正椅子』※23、入るだけで脂肪が落ちる『ドーム型サウナ』※24、貼るだけで腹筋が割れる『EMSマシン』※25、飲むだけで体重が減る『ダイエットドリンク』※26。もう、かたっぱしから買いました。

「お腹にペタッと貼るだけで、簡単にお腹がシックスパックに！」

［※23］**骨盤矯正椅子**
骨盤を正しい位置に戻すと、脂肪の蓄積が防げると話題に。「座るだけで骨盤のゆがみが矯正される」がウリ。

［※24］**ドーム型サウナ**
自宅にいながらサウナが楽しめる。短時間で大量の発汗を促すことができ、すっきりデトックスできると人気。

［※25］**EMSマシン**
電極パッドをお腹など気になる部分に貼って、電気刺激を与え筋肉を鍛えるマシン。バージョンを変えて進化中。

［※26］**ダイエットドリンク**
置き換えダイエットの一種で、成分は酵素やデキストリン。数日間、食事はドリンクのみ。

「二の腕にペタッと貼るだけで、ラクラクと腕がほっそり！」
「太ももに巻くだけで、あっという間に脚がスリムに！」

はい。全部買いました。お腹も腕も脚も。わが家には部位ごとの『簡単、ラクラク、〇〇するだけで痩せるマシン』が大量に転がっていました。結構場所をとるので少しずつ『痩せるマシン』で寮の狭い部屋が占拠されてくるということに……。

効果がないとわかったらすぐに母親や知り合いにあげていました。そして、また新しいものを買う。とにかくラクして痩せたい。でも、お腹にペタッと貼りながらアイスクリームを食べているんですから、当然ながら痩せることはありませんでした。

Diet History

アンチエイジングに興味を持ったワケ

眼科医になって2年目ぐらいのときにプラセンタと出会いました。きっかけは元、産婦人科医である父。父が当時、ヒトの胎盤から抽出した薬を使っていて、「50年以上前からヒト胎盤由来の薬が医薬品として認可されているなんて」と、すごく興味を持ったんです。

哺乳類のゴリラやチンパンジーは、子どもを産んだ後に母乳を出すため胎盤を食べることがありますが、その栄養素に着目してプラセンタの研究をしたいと思いました。

それからプラセンタを用いたアンチエイジングの研究のために京都の大学へ異動。本格的にアンチエイジングの世界を勉強することにしたのです。

Diet History

飲むだけで痩せる?『サプリメントダイエット』

この頃、アンチエイジングの研究のためにエステの施術方法を学びたいと考え始めました。内側からだけでなく、外側からのアプローチも学びたいと思ったんです。

父からは反対されましたが学びたい気持ちが強く、アロマセラピーとエステティシャンの学校に通い始めて施術のほかにもさまざまなことを勉強。この経験は今でも生きています。

自分で学ぶと当時に、お客としてもいろいろなエステサロンに通うように。勉強という名目ではありますが、痩身コースにどんどん申し込んでしまい、当時、人気のあったエステサロンはすべて制覇したといっても過言じゃないほどです。

痩せるサプリメントやダイエット用品を売りつけるところもあれば、親身になって相談にのってくれるところもあるし、エステティシャンの技術によって仕上がりがまったく違うところもあったし。

痩身エステは気持ちがいいですし、体重も減るし、部分痩せであれば効果も出ます。

ただ、続けないと意味がない。ちょっと行かなくなるとすぐにリバウンド。通い続けることが大切なんです。

エステですすめられる痩身系の『サプリメントダイエット』[※27]も実行しました。ただ、成分内に脂溶性ビタミンが入っていることが多く、これは肝臓に蓄積しやすいのです。

そのため、サプリメントの摂りすぎは肝機能を低下させ、代謝が悪くなり内臓脂肪がつきやすくなるリスクもあります。

私の場合は、値段のわりには効果が出ない、という理由でやめてしまいました。医者の観点から言うと、高価なサプリメントを買うより、無添加の調味料や栄養価の高い食品を買ったほうが確実に健康的に痩せられます。

[※27] サプリメントダイエット

脂肪燃焼効果のある成分が入ったサプリメント。食前や食後に摂ると脂肪吸収を抑えるとうたったものが多い。薬局やエステサロンなどで販売。高価なものから比較的リーズナブルなものまでいろいろで、お手軽ダイエットの代表的な存在のようだ。

Diet History

大流行したスリミングコスメ

私が20代後半の頃には『スリミングコスメ』[※28]が大流行。一番話題になったのはクリスチャン・ディオールの「スヴェルト」ではないでしょうか。もちろん、私も購入しました。2〜3本は使ったような気がします。肌がなめらかになるような気はするんですけど、なかなか劇的な効果には至らず……。

「スヴェルト」の流行によって「痩せる石鹸」や「痩せるクリーム」などがどんどん発売され、「もしかしたら！」の気持ちで何個か購入。まぁ、「貼るだけ」と同じで「塗るだけ」ではなかなか痩せるのは難しい。ただ、新しい化粧品を開けるときの高揚感は女性の気持ちをワクワクさせる効果はあるかもしれませんが。

Diet History

20代で一番、理想体重に！ ウエディングダイエット

20代で一番体重が減ったのは29歳のとき。その理由は結婚です。お相手は、大学時代に初めて付き合った彼。そのまま11年も付き合っていました！

ここまで長く付き合っているのにウチの両親は2人で旅行に行ってはダメとか、いろいろと厳しくて……。

そんな中、彼にアメリカ留学の話が持ち上がり、一緒に留学しようということが結婚のきっかけになりました。でも私の両親から「一緒に住むなら籍を入れなさい」というお達しが出て結婚。

なんとなく流れで決まった結婚ではありましたが、いざするとなると結婚式の

［*28］スリミングコスメ
「塗るだけ、洗うだけで痩せる」と人気になるが、実際はセルライトを防止してなめらかな肌を目指すものだった。

［*29］ウエディングダイエット
結婚式に向けたダイエット。ドレスで露出される部分を集中的にする人も。ブライダルエステに通う場合も多い。

準備やらなんやらで大忙し。

私も彼も医者でしたから、知り合いも親族も多くて、結婚式はかなり大きくなることは必至。そんな大勢の招待客の前で醜い体をさらすことなんてできない！と真面目に『ウエディングダイエット[※28]』に励むことに。

このときは、ズボラな私ですがブライダルエステにしっかり通いました。その努力のおかげでベスト体重の51キロに戻して結婚式を迎えることができました。

なんだかんだで20代は恋愛の力で一番痩せた気がします。女性の恋する力ってスゴイですよね。

だから、結婚をして恋を忘れた30代。私の体型はえらいことになってしまうんです。

Column
2

ダイエットと女性ホルモン

マイナス思考はホルモンに
悪影響で太る体質に

一般的に排卵後から生理前は女性ホルモンのプロゲステロンの分泌が増え、代謝が悪くなるため痩せにくい時期。痩せるタイミングのベストは生理終了後から排卵日まで。この期間は代謝がよくなるエストロゲンが分泌されるために脂肪が燃えやすい時期と言われています。このように女性ホルモンとダイエットには密接な関係があります。

そして、女性ホルモンはマインド面にも強く影響します。ネガティブな思考でダイエットをするとストレスホルモンであるコルチゾールが増えて、代謝が悪くなり、どんどん脂肪を溜め込んで太りやすい体質になってしまいます。「ダイエットをしているのに痩せない」というストレスでホルモンの乱れが生じ、ますます痩せなくなるという悪循環。そこで、ホルモンの安定のためにも体重計に乗らないことをおすすめします。私は体重計の代わりに全身鏡を買って、数字ではなく自分の全身を見て太ったか、痩せたかを判断するように。そうすると、目に見えて太った箇所が分かるので、ピンポイントでストレッチ。その結果、みるみる体型が変わり、ポジティブな気持ちになることで幸せホルモン・セロトニンが分泌され、「キレイになった」と言われるようになりました。

Chapter 03

激務の研修医時代〜結婚〜アメリカ留学。
いっきに太った30代前半！

ダイエット
暗黒時代。

痩せて倒れて
リバウンド、

激太り……。

-15kg

Diet History

アメリカ留学で17キロ増!過去最高体重を記録

結婚してすぐに夫婦でアメリカ・ニューヨークに医学留学することになりました。私は眼科医として網膜の視細胞内にあるロドプシンについて勉強するためです。

ロドプシンとは簡単にいうと、目から見た光の情報を脳にきちんと伝えるために、情報を電気信号に変えて送るのですが、その電気信号をつくりだす部分。それと同時にアンチエイジングの観点から、アメリカの美容専門医療も学ぼうと夫と共にアメリカへ。夫も自分の専門分野の研究のため、一緒に行くことになったのです。

結婚後は夫の母と3人暮らしをしていたので、ニューヨークで初めての2人暮らし。お互い研究に忙しく、私は日本での仕事もあり、しょっちゅうニューヨークと日本を行ったり来たり。多忙な新婚生活でした。

ちなみに体型は結婚式当時のベストスタイルをキープ。痩せた状態で仕事に励んでいました。ですが、ここはアメリカ。日本にないようなビッグサイズで高カロリーな食べ物が渦巻く国。小学生で初めて留学したときに、夢の国に思えた場所に、ある程度お金があって自由もある大人になって再び訪れてしまったワケです。

すると、結婚式まで我慢していた食欲もムクムクと復活。そうです。食べまくりリバウンドです。

まず、最初にハマッたのはハーゲンダッツのアイスクリーム。予備校時代に私の唯一の楽しみだった食べ物。日本では値段が高いハーゲンダッツのアイスクリームがアメリカではびっくりするぐらい手頃な価格で買えて、そして、大きい！日本では見たことのないような大きさのサイズが当時、2ドルぐらい。日本では少しずつ食べていたのに、そんな状態で売られていたらどんどん食べてしまうワケです。毎日、夜になると腕に箱を抱えて大きなスプーンで、バクバク食べるように。お皿に盛らずに箱から直接食べると、毎日、半分ぐらいペロリといっていました。残りの半分はまた、明日。つまり、2日で1パイント（473ml）食べ、最終的には1日で1パイントに。

ご存じの通り、アイスクリームは糖質です。エネルギー消費が悪くなる夜にたっぷり糖質を摂りますから（それも毎日！）太らないわけがない。

忙しい仕事の合間、昼食にファストフードを選ぶことも多かったんですが、アメリカの食べ物はなんでもビッグサイズ。よく行っていたバーガーキングのハンバーガーもサイドメニューのフライドポテトもレギュラーサイズでも日本の倍以上は入っている。そして、美味しい！

「これは多すぎる。残そう」と思っていたのに気が付いたら完食。ちなみにじゃがいもは油で揚げることで糖化が進むので、ダイエットの天敵です。でも、あまりに美味しすぎて止められませんでした。

夜はステーキハウスへ。一番小さなサイズを頼んでも私の顔ぐらいある塊のお肉がドン！　そしてお肉の横にはここでも大量のフライドポテトなどのサイドメニュー。味付けはサワークリームやバターがたっぷり。その味がクセになってナイフとフォークが止まらないのです。

最初は「大きい〜、食べられない〜」なんて言いながら3分の1しか食べられなかったのが、2分の1になり、いつしか完食が当たり前に。それに周りにいる人たちも大きなお肉をどんどん食べるから、こちらも罪悪感がなくなってくるんです。アメリカのお肉は脂たっぷりのサーロインが主流。お肉自体の脂質が高い上に、バターやクリームなど脂質の高い食材を合わせているので、まさにカロリーの塊。それをエネルギー消費の少ない夜に食べるため、体内で消化しきれなく脂肪として体に溜まってしまうのです。

結婚するまでは夫と2人で食事に行くと、オトメ心を発揮して小食だった私ですが、結婚してしまえば夫婦になった安心感もあってモリモリ食べるように。そして、慣れない土地での難しい研究というストレスがあったんだと思います。私はとにかく食に走りました。

その結果、アメリカに来てわずか3カ月で体重は跳ね上がり、2年間の留学期間中で17キロ増。約4~5歳ぐらいの子どもの平均体重分ぐらい増えたんです。夫もこの期間に多少は太りましたけど、セーブしていたので、ここまでにはならなかった。やっぱり私の極端な食べ方がいけないのだと思います。

Diet History

結婚した安心感から、おばさん街道まっしぐら!

そして、もうひとついけなかったのは「女を捨ててしまっていた」こと。結婚をしたことで、男性の目を気にしなくなっちゃったんですね。

仕事でニューヨークから帰国するたびに男性の仕事仲間や男友達に「太ったね」とか「貫禄でたね」とか「おばさんみたいじゃん!」と辛辣な言葉を投げられても、太鼓腹を叩きながら「貫禄あるでしょ!」と笑いをとっていたんです。

あんなに内気で自分の意見をなかなか言えなかった私が、パンパンのお腹を叩きながら男性を笑わす日がくるなんて……。

でも、このときは本当に男性の目なんてどうでもよかった。恋愛もしなくていいし、キレイと思われなくてもいい。太っていようがおばさん丸出しだろうが、仕事さえしっかりできていればいいと思っていたんです。

この頃、ニューヨークと日本を行き来していたのは、当時、再生医療が注目されていて、研究も盛んだったため、日本で角膜の再生医療の立ち上げを手伝っていたからです。夫も大阪の大学の研究職として再び勤務することになったので、2人ともニューヨークから帰国。私はプラセンタの研究のため京都勤務に。夫婦別居生活になりました。

今、振り返ると、夫婦ともに一番の優先事項は仕事。家庭は二の次だったんです。だから、夫婦2人の時間をとるより、お互い仕事の時間をとるほうが効率的だと思っていました。一応、帰国後は私も京都から大阪へ通うように頑張っていたんですけど、車通勤だったので京都市内がすごく混んで辟易《へきえき》……。そして仕事が忙しく、帰宅時間もどんどん遅くなってきて、帰れないときのために京都市内に6畳一間の小さなアパートを借りたんです。まさに寝るためだけの部屋。でも、いつしか大阪の家よりも、その部屋で寝ていることが増えてきて。結局、京都に住むことを決めて、結婚3年目で遠距離生活。それでも休みができるとお互い、大阪と京都を行き来して会うようにしていました。

Diet History

糖質制限ダイエットで一気に14キロ減！

おばちゃん体型のまま、仕事に邁進《まいしん》していましたが、アメリカと違い、日本はスマートな人が多い。ニューヨークで増やした17kgの体重はそのままでしたから、やっぱり目立つんですよね。それで、久々にダイエットすることを決心。ダイエッター魂が復活です。

とにかく忙しかったので、エステやスポーツジムに通うのも難しい。けれど、短期間で結果を出したいと思っていた私の目についたのは『**糖質制限ダイエット**』[※30]。アメリカに留学していたとき、話題になっていたのがロバート・アトキンス博士が考案した『アトキンス・ダイエット』。炭水化物の摂取量を極端に減らすことで、糖分の代わりに脂肪が体内でエネルギー源となり、体脂肪を減らすことができるという理論。アメリカで大ブームになっていたので、試してみることにしました。

私がいいと思ったのは米、パン、麺、砂糖や小麦粉を使ったお菓子など炭水化物を一切摂らない代わりに、あとは何でも食べてもいいという点。私がこのダイエットを選んだのは、炭水化物を食べない代わりに大好きなお肉を食べてもいいというのが大きかったです。ロバート・アトキンス博士もタンパク質は積極的に摂るように提言しています。

私の主食はお米や麺類の炭水化物からお肉に変わり、付け合わせで生野菜を食べました。もともと焼肉が大好きですから、スーパーでお肉を大量に買ってきて

［＊30］糖質制限ダイエット
その名の通り、「糖質を抜く、減らす」ダイエット。主に炭水化物を避け、高たんぱくの肉や魚、野菜をメインに食べるというシンプルな方法で、カロリー制限がないため満腹感を感じやすく、続けやすいダイエット法として近年人気を集める。

フライパンで焼き、焼肉のタレをたっぷりかけて出来上がり。

「炭水化物を食べていないから大丈夫」という気持ちから、量は制限せずにジャンボパックで買ってきたお肉を1日で完食。赤身よりも脂身が好きだったので、脂分の多いホルモンもよく食べていました。関西で人気だった「こてっちゃん」というホルモン焼きのタレをたっぷりからめたものが特に好きで。すると、おもしろいぐらいに体重が減っていき、たった半年で14キロも痩せたのです。ボディラインも変わり、普通体型に戻りました。


『糖質制限ダイエット』の魅力は炭水化物を制限することで、体重がガクッと減ること。そうすると、やっているほうは効果がすぐに出たことで楽しくなるし、もっとやりたいと思ってしまう。

私もある程度好きなものが食べられますから、キツいとも思わず、体重が減った後も3年間ぐらい糖質制限を続けていました。

Diet History

極端な『糖質制限』で脳梗塞一歩手前の状態！

糖質制限を続けて3年目、36歳のときに事件は起こりました。ある朝、目が覚めると右半身がまったく動かない！ ベッドからも起き上がれないし、救急車を呼ぼうとしても電話まで右手を伸ばすことができない。これは大変なことになったと思いました。

じつはここ何カ月か眠気が抜けず、頭がボーッとすることが多かったのです。大事な会議中なのにずっと船をこぐように寝てしまったり。眠り病かと思うほど、眠気が抜けないのです。それに加えて、しびれを感じることもありました。このしびれに関しては20代後半のときにトラックに追突されて頸椎《けいつい》症になったので、その後遺症かなとも思っていました。

まさに医者の不養生。少しぐらい調子が悪くても、自分のことになると病院に行かないし、検査もしない。少しずつ体調が悪くなっていたにもかかわらず、ほっておいていたので「これは大きな病気の前触れかも」と思い不安でたまりませんでした。

幸いにもベッドでじっとしているうちに、少しずつ動けるようになったので、病院に行きました。検査の結果は「一過性脳虚血発作」。脳に行く血液の流れが一時的に悪くなり、運動麻痺《まひ》や感覚障害を引き起こす症状です。文字通り、症状は一過性で消失しますが、繰り返し起こると脳梗塞の起因にもなるとも言われています。

この症状を引き起こした原因は過度な糖質制限。**脳細胞のエネルギー源は糖質です。これが制限されることにより、代わりに脂肪やたんぱく質を過剰に摂取してしまい、最悪の場合、動脈硬化になる場合も。**

そのほかに、血液検査で分かったのは中性脂肪が基準値よりも上で、糖質制限をする前よりもはるかに跳ね上がっていたこと。私は肉類を多く摂取していたので、脂質の摂取が過剰になり脂質異常をきたしていました。体重が減り、痩せたにもかかわらず体内は脂質が増え悪玉コレステロールだらけだったのです。

そして、この頃、気になっていたのは体臭。自分の汗の臭いや体臭が以前と違うと感じていました。これも糖質制限が原因で、体のエネルギー源である糖が不足したことでケトン体（アセトン、アセト酢酸、β－ヒドロキシ酪酸の3つの物質の総称）という物質が作られ、これに含まれるアセトンの臭いがもとで、体臭や口臭、汗の臭いがキツくなるなどの症状が出てしまうのです。痩せても体臭や口臭があるなんて、女性としてはマイナスイメージですよね。

この事件をきっかけに、糖質制限ダイエットはやめて、炭水化物をきちんと摂る普通の食生活に戻すことに決めました。みなさんにお伝えしたいのは、過度な糖質制限は絶対におすすめしません。『糖質制限ダイエット』と聞くと、糖質を多く含む炭水化物をまったく摂らないイメージが強いと思いますが、一切摂らないのではなく、血糖値の上がりにくい食べ方や、食べる順番を考えて摂ることが大切。

ですから現在私は、午前中や昼間は炭水化物やお菓子類なども食べるけど、夕食は控える、と食べる順番や時間を考えて摂取するようにしています。

Diet History

糖質制限を解除したら見事に17キロリバウンド！

14キロ痩せて（結果的にはしわが増えて不健康だったけれど……）スリム体型だった私は食生活を戻したことで、体重が少しずつ増加。この「リバウンド」も糖質制限ダイエットの特徴です。

食事制限だけで体重を落としたダイエット法は、やめた途端に戻るのが早い。つまりラクして短期間で痩せたものほど、リバウンドも早いということです。

糖質制限をやめた後の食生活は大好きだったパスタや麺類を解禁。忙しいときにはカップラーメンを食べるようになり、一応、カロリーライトのものを選んでいましたが、お湯を入れたラーメンを3分以上おいて、麺にたっぷりスープを吸わせてふにゃふにゃにした状態で食べるのが大好きでした。でも、この食べ方は化学調味料や脂分が入ったスープをたくさん含ませて食べるわけですから、スープを全部飲み干すようなもので、体にも体重にも悪影響。

そして冷凍パスタなどの冷凍食品もよく食べていたのですが、これも太るもと。**冷凍食品の中にはむくみの原因になる添加物や化学調味料が多く含むものもあり、これが原因でホルモンの働きを乱し、免疫力を下げてしまいます。**また、添加物を消費する際にミネラルを大量に必要とするため、ミネラルバランスが崩れイライラやうつの症状を引き起こすともいわれています。偏った食生活が少しずつ、不健康かつ太る体質をつくり続けていたのです。

この頃はこれまでの人生の中で一番、仕事が忙しく、目まぐるしい日々を過ごしていました。きっと30代後半は今まで頑張ってきた仕事が花開き、ある程度任されるようになる時期。私も再生医療からアンチエイジング分野での仕事や研究に没頭し始め、勤務先の病院では役職もつくようになりました。

仕事は充実しているのですが、朝は7時に病院へ行き、帰宅は深夜1時をまわることもしょっちゅう。この時期は仕事のこと以外、何も考えられなかったですね。化粧もしていなかったし、オシャレなんて遠い昔の話のよう。ただ、食べることだけが楽しみだったのです。

Diet History

海外ではバイキングで5皿は当たり前。元をとるまで食べ続ける

当時は海外での学会も多く、世界中を飛び回っていました。これだけ聞くとアクティブに動いて痩せそうですけど現実は真逆。学会はラスベガスなどアメリカ方面も多く、またもやボリューム満点の食事に。喉元過ぎれば熱さを忘れるワケで、目の前にジャンクフードが登場するとやっぱり食べてしまいます!

とくにハマったのは宿泊していたホテルの朝と夜ともにバイキングスタイルの料理。ラスベガスはカジノがあるため、世界中から観光客が来るので、バイキングのメニューもワールドワイド。バイキング会場には和食、中華、フランス料理、

韓国料理と多国籍料理がところ狭しと並び、制限時間もなく心置きなく食べられます。

バイキングのコワイところは「元をとらないと！」という気持ちが働いて、お腹は満腹なのにまだ食べたいと思ってしまう。そして、時間制限がないと、少し時間をおいてまた食べてしまうところです。平均で大きなお皿に料理を山盛りに入れて5皿ぐらいは軽く食べていました。

海外出張の甘いワナはホテルの食卓だけではありません。空港のお土産売り場にも潜んでいます。日本から出国する際に、国際空港に売っているワサビ味のピスタチオのスナック菓子。毎回、ビックサイズを買い込んで、海外のホテルで仕事をしながら、食べていました。気がつけば全部食べてしまっている〝ながら食べ〟は本当に危険です。そして帰国時は空港でお土産をたんまり買い込んで帰るのがお約束。お気に入りはチョコレートやビスケット。もちろん、どれもアメリカサイズ。これを買って帰って、一度開けると、なくなるまで一気に食べてしまう。このクセだけは昔から治りません……。だから、今ではお菓子を小分けにし

て持ち歩くようにしているのです

Diet History

車通勤のワナ。『ながら食べ』で満腹感が得られず二度食い

そしてこの頃、自宅から車で2時間かかる病院に勤務することになりました。電車もなくバスも夕方で終わってしまうような田舎にあり、車で長距離通勤することになったのですが、これが私のリバウンドに拍車をかける結果に！　毎日、片道2時間、往復4時間の運転はかなりのストレス。それに加えて、仕事に入ると忙しくて食事を摂るヒマがないため、車の中が私の〝食堂〟に。

朝はギリギリまで寝ていて、朝ごはんを食べずに車に飛び込み病院へ。勤務を終えて帰りの車の中でディナーがスタートです。メニューはコンビニのスナックコーナーにある、から揚げにフライドポテトやカマンベールチーズ6ピース。デザートはコンビニのスイーツコーナーのプリンやシュークリーム、大好きな『ピノ』のアイスクリーム。これはミニパックではなくファミリーパックです。それ

を2時間で食べきります。

でも、運転しながら食べる「ながら食べ」なので満腹にはならず、「あれ、もうなくなっちゃったの?」という感覚。つまり「食べた」という感覚が脳に届いていないのです。

だから、自宅に戻ると空腹を感じて、また食事をしてしまう。「きちんとした食事は1日1食しかしていないのに、なぜ太るんだろう」と思っていたほど。車の中のながら食べは完全に〝食べていないこと〟になっていました。

ダイエットにおいては「食べる場所」も重要です。きちんと食卓に座って、食事を「いただく」という行為で食べ物に向き合うと精神的にも満足感が得られるもの。 忙しいからといって、パソコンの前で食べたり、仕事しながら食べたりなど「ながら食べ」は太る原因のひとつでもあるのです。

Diet History

マイナスワード連呼でブサイクホルモンが開花！

遠距離通勤になってから、私はかなりのストレスを抱えていました。多忙な仕事に長い運転時間。そして巻き込まれる渋滞……。とくに渋滞中は車の中にひとりだけということもあり、かなりイライラしてくる。気が付けば「また渋滞！」「むかつく！」「イライラする」「最悪！」などのマイナスワードを連呼。

ストレスのせいで暴食に走るというのは何度もお伝えしましたが、じつはストレス自体が太る要因のひとつ。**ストレスを感じたときに出る「コルチゾール」というストレスホルモンは、体内で増えると基礎代謝が落ちて、太る体質をつくってしまうのです。**

コルチゾールはアンチエイジングの分野でも注目されており、コルチゾールが過剰に分泌されると、疲れやすくなったり、やる気が起きにくくなったりと、うつに近い症状があらわれ、老化を招く原因にもなってしまいます。だから、ストレスはできるだけ溜め込まないようにしましょう……と言われても、この忙しい現代社会で、ストレスと無縁の生活を送るなんて、なかなか難しい話。そこで、せめてストレスの影響を軽減するためのコツを伝授しましょう。

それは腸内環境を整えること。腸は第二の脳と言われています。腸から脳内ホルモンであるセロトニンという幸せホルモンが95％も分泌されているんです。そして、私たちの腸内には400種類、100兆個の細菌が存在しており、善玉菌、悪玉菌、日和見菌《ひよりみ》などがあります。善玉菌、悪玉菌は知っていても、日和見菌は聞きなれないという人も多いのではないでしょうか。

日和見菌はどちらの菌にも属していないのですが、体内で悪玉菌が増えれば悪玉菌に、善玉菌が増えれば善玉菌につく性質があります。その日和見菌を善玉菌につかせるようにアプローチするのがポイント。

日和見菌の種類の中で、ダイエットに有効なのは「痩せ菌」と言われるバクテロイデス。バクテロイデスは脂肪が脂肪細胞に送り込まれるのを防ぎ、筋肉に取り込んでエネルギーに変える働きがあります。そのため、**バクテロイデスを増やす食品を摂取するように心がけるのがおすすめです。主に野菜、きのこ類やヨーグルトなど乳酸菌を含む食品で、これらを食べることで腸内環境を整えて、ストレスに負けない痩せ体質をつくることができます。**

Diet History

一番キツかった『ファスティングダイエット』

当時の私は、そんな腸内環境の改善をすることもなく、またもやダイエッターとしてさまざまなダイエットに挑戦する日々が始まります。

その中でも一番キツかったのは**『ファスティング（断食）ダイエット』**[※31]。とはいえ、ちゃんとしたファスティング専門の施設でチャレンジするのではなく、通信販売で買ったドリンクを飲むだけのダイエット。まるまる2日間は飲み物しか飲まないという怪しげなヤツです。

2日間休みがとれた日に挑戦。難消化性デキストリンが含まれる粉末を水で溶いて、1日3回飲むんですけど粉末が溶け切らなくて、コホコホむせながら飲んだ記憶があります。

難消化性デキストリンとは「脂肪の吸収を抑える」効果を持ち、昨今人気の特定保健用食品にも含まれています。しかし、私が飲んだダイエット粉末は他にもいろいろ入っていたらしく、飲むと、ものすごい量の便が排出。下剤に近い感覚でした。それ以外は何も食べられないため、かなりキツいし、イライラもします。でも排出量は多いので、一時的には痩せましたがすぐにリバウンド。

ファスティングのリバウンドが早いのには理由があります。**食事を摂らず代謝が落ちている体に、いきなり食べ物を入れると吸収率が高まり、脂肪として蓄えようとします。**

[＊31] **ファスティングダイエット**
アスリートや芸能人から広まった、短期間の断食で体内環境をリセットするダイエット法。水だけでなく、酵素ドリンクも飲みながら数日過ごし、実践期間で体内の内臓や腸内環境がリセットされる。断食後の食事に気をつけないとリバウンドにつながりやすいとも。

ですから、ファスティング後の回復食はとても重要。いきなり固形物の炭水化物を入れてしまうのは絶対にNG。野菜ジュースや具なしの味噌汁などから少しずつ固形物に変えていきます。私のように「やっと終わった！　パスタを食べよう！」というのが一番、太るのです。

Diet History

『一食置き換えダイエット』は痩せるもののお金が続かず

ファスティングは厳しかったので、今度は夕食だけダイエットドリンクに置き換える**『一食置き換えダイエット』**[※32]に挑戦。朝と昼は通常通り食べられるので、これは数カ月続けることができました。おかげで体重は減り、お腹まわりもスッキリ。

これだったら痩せられるかも！　と思ったのですが、このダイエットドリンクがなかなか高い。ちょっとスリムになった安心感から、やめてしまったのですが、こちらもリバウンドが早かったです。

Diet History

『ゼロカロリーダイエット』で体がむくんでブサイクモードに

当時、流行り始めた『ゼロカロリーダイエット[※33]』も試しました。ドリンクやチョコレートなどはゼロカロリーにシフト。その結果、むくみがひどくなり、かえって太ってしまうという事態に。

「なんでゼロカロリーなのに、太るの！」と思っていましたが、ゼロカロリー食品には人工甘味料がたっぷり。だから糖分がオフでも美味しく感じるのです。

人工甘味料は腸内環境を悪化させ、代謝を下げてしまいむくみが生じやすいと考えられます。そして人工甘味料に含まれるアスパルテームには発がん性があ

［※32］**一食置き換えダイエット**
1日の食事のうち1食を低カロリーのダイエット食品にする方法。2食は好きなものを食べられるので続けやすい。

［※33］**ゼロカロリーダイエット**
人工甘味料で甘味を添加。種類によっては砂糖と同じく血糖値を上昇させて、余分な体脂肪を蓄積することにも。

り、健康面でも決しておすすめはできない食品です。
イスラエルのワイツマン科学研究所チームは動物実験とヒト試験において、アスパルテーム、スクラロース、サッカリンの3種類の人工甘味料において、腸内細菌叢を乱し、耐糖能障害（糖尿病予備群）を引き起こすことを報告しています。

Diet History

『エンダモロジーダイエット』は抜群の効き目！

この頃から再びエステに行くようになりましたが、その中でも、抜群に効き目があったのが『エンダモロジーダイエット』[※34]。エンダモロジーとは専門の掃除機のような吸引型のローラーを使って、皮下脂肪を揉みほぐしながら全身のマッサージによるセルライトケアを行います。リンパの流れがよくなって、二の腕やお腹、脚などの特に固まった皮下脂肪をほぐし、血液循環もよくなることで体がラクになりました。ただ通うとなるとそれなりにお金もかかります。

お金がかかるといえば**『ダイエット補正下着』**[※35]も購入。これは上下あわせて70万円ぐらいしました。ただ、着るのに時間がかかるしとにかくキツイ！ 着用時の締め付けのキツさからイライラが溜まり、ストレスホルモンが倍増。そして、脱いだときの開放感でいつも以上にたくさん食べてしまうのです。結局、数回着てタンスのこやしに……。

ドリンクに、エステに、補正下着に……。痩せるためには、ずっとお金を払い続けないといけないのか……。そう思うと億劫になってきてしまいました。でも、そんなことは決してないのです。お金をかけなくても、日常生活のちょっとした心掛けで痩せられるのは第1章でお話ししたとおり。それに気づくまでは、まだもう少し時間がかかります。お金がかからないダイエットを模索した私はついに禁断の扉を開けてしまったのです。

[※34] エンダモロジーダイエット
強い力で吸引を行い、ローラーで脂肪を潰す施術は、「痛いけど効果あり！」「セルライト対策に」と人気を集める。

[※35] ダイエット補正下着
体型を美しく見せる下着。続けることで脂肪を正しい場所に移動させ、ボディラインを整えることを目指す。

Special Column
02

私が試して

よかったダイエットトップ5

健康的にキレイに痩せた簡単な方法を教えます

数々のトライアンドエラーを繰り返してきて、その中でも私自身が実際に試して「これはよかった」と思えるダイエット法です。どれもお金を使わずに簡単にできるものばかり。栄養素などの健康の面と、抗酸化作用などのアンチエイジングの観点からも効果が期待できる方法を選びました。自分の生活の中で取り入れやすそうなものから、ぜひ試してみてください。

1 グラノーラダイエット

効果 ★★★★
リバウンド ★☆☆☆
コスパ ★★☆☆
体にいい ★★★★

ビタミン、ミネラルなどの栄養素がたっぷり 美肌効果も抜群の無敵間食食材

本文中でも何度も出てくるグラノーラ。グラノーラはドライフルーツや雑穀が混ざっているのでビタミンやミネラルが豊富で栄養たっぷり。食物繊維も含まれるため整腸作用が働き、美肌へ導く効果もあります。また、玄米を使った玄米グラノーラも低GI値なのでおすすめ。ただ、気を付けてほしいのは砂糖不使用のものを選ぶことと、食べ方。グラノーラは炭水化物ですので、砂糖入りのものを大量に食べると太ってしまう原因にもなります。あくまで間食として、少しずつ食べることが痩せ体質になるポイントです。

2 セロリダイエット

効果	リバウンド	コスパ	体にいい
★★★☆	★★☆☆	★★☆☆	★★★★

食事の際に補助的に添えるだけで便秘解消&ストレスの緩和

セロリは食物繊維とカリウムが豊富なのでデトックス効果抜群。そのほかにもビタミンB群は疲労回復やストレスの緩和、ビタミンCは美肌などアンチエイジング効果もある万能食材です。注目してほしいのは葉の部分に含まれるピラジン。これがセロリの独特の香りの元なのですが、ピラジンは血液をサラサラにする性質があるので、ぜひ、一緒に食べてください。私は高校生のときにセロリで一食置き換えダイエットをして失敗しましたが、大人になってサラダや料理の付け合わせで食べるようになって効果を実感することができました。

3 あたりめダイエット

効果	★★★☆
リバウンド	★★☆☆
コスパ	★★☆☆
体にいい	★★★☆

よく噛むことで小顔効果のほか若返りホルモンが分泌

最近、食べ始めて効果があったのがあたりめ。あごを使わないとたるみの原因になってしまうため、噛みごたえのあるあたりめは小顔効果が期待できるほか、噛むことで唾液中にパロチンという若返りホルモンが分泌されます。いかは高たんぱく質低カロリーのためダイエット中にはぴったりの食品。タウリンが含まれているので肝機能が高まり、コレステロールを低下させる作用もあります。ただ、ひとつ注意してほしいのは添加物が入っていないものを選ぶこと。あたりめでも味がついたものなどがあるため、無添加のものを食べるようにしましょう。

4

ルイボスティー

効果 ★★★☆

リバウンド ★☆☆☆

コスパ ★★☆☆

体にいい ★★★★

ダイエット中の飲み物の中で一番の効果を発揮した美容ドリンク

飲み物の中で効果があったのがルイボスティー。ルテオリンとケルセチンというポリフェノールの成分の一種であるフラボノイドが含まれており、活性酸素を除去し老化を防止する作用があります。そのため、美容ドリンクとして最適。また、ノンカフェインなので、質のよい睡眠をとることができます。良質な睡眠は美肌をつくるだけでなく、食欲抑制効果のあるホルモン、レプチンの分泌が促され、ダイエット効果を高めてくれます。カフェインは日中に摂る分にはいいですが、睡眠のためにも17時以降は摂らないことをおすすめします。

5 寒天ドリンクダイエット

効果 ★★★★
リバウンド ★★☆☆
コスパ ★★☆☆
体にいい ★★★☆

お腹ぽっこりを素早く撃退 肌の調子もよくなり女子度アップ

ここ最近試して、間食に取り入れることで効果がグンとアップしたのが寒天ドリンクダイエット。短期間で2～3kg痩せることができました。寒天は食物繊維がとても豊富な食材。腸内環境を整え、便通をよくしてくれるので、ぽっこりと張った下腹を改善する効果があるのです。そして、寒天に含まれるアガロペクチンという成分はコラーゲンの破壊を防ぐ作用があり、美肌効果も抜群です。実際に私も肌がツルツルになりました。小腹がすいたら寒天ドリンクを飲むのもおすすめですよ。

Diet History

絶対にダメ！ 禁断の『吐くダイエット』

糖質制限をやめた後、お金をかけたダイエットでもリバウンドしてしまう状態に、何をしていいか分からなくなってしまいました。そしてとうとう「食べたものを出せばいい」と、禁断の『**吐く[※36]ダイエット**』を始めてしまいました。

小学生の頃、拒食症を患いましたが、拒食症になる人は過食症になる場合も多い。まさにそのいい例です。それまでどんなに痩せたくても自ら吐くことはしなかったんですが、あまりにも暴食が続くとトイレで食べたものを吐くようになりました。

そして、このダイエットの怖さは、一度、吐いてしまうと、すごくすっきりしてまた食べられるんです。これを繰り返すと過食嘔《おう》吐《と》になってしまうんですね。

私もまさにその状態に入りつつあり、コンビニでお弁当を3人分ぐらい買ったり、ファストフードのお店でフライドチキンやハンバーガーを3人分買って、すべて食べてしまったり、ファミリーパックのお菓子を一度開けると、全部食べ切ってしまい、その罪悪感から吐く。そして、次のパックを開けてしまうという恐ろしい負のループに陥ってしまいました。

過食嘔吐は続けるとさまざまな身体への影響が出てきます。吐くときに出る胃酸によって歯の表面のエナメル質が溶けてしまったり、胃液を排出することで水分やミネラルも同時に失われてしまいむくみや肌荒れの原因になってしまったり。

何度も嘔吐を繰り返すと胃から食道への逆流によって食道の粘膜にただれや潰瘍ができる逆流性食道炎になることもあります。メリットはひとつもなく、おま

[*36] **吐くダイエット**
「食べすぎた」と感じたら吐いて摂取カロリーを抑える、最も危険なダイエット法。拒食症になって健康にも大きな影響を与えるため、絶対に避けたいところ。だが、その手軽さからなのか、経験者も意外と多いとも言われる。

けに体重も減りません。なぜなら、食べたもの全部を吐ききれるわけはないのですから。栄養素が行き届かないため肌はガサガサ、髪はパサパサになるなどキレイからは程遠い状態でした。

今、思えば、食べること以外に趣味や楽しみがあれば、こんなことにはならなかったと思いますが、この頃は仕事か食べることにしか興味がなく、仕事のストレスをすべて食で補っていたのです。

Diet History

100円ショップの棒餃子にハマってリンパ節が腫れる！

幸いにも過食嘔吐はクセにならず、数回でやめることができました。この頃、ハマったのが100円ショップの棒餃子。当時住んでいたマンションの近くに100円ショップがあってよく通っていました。帰宅する時間にはスーパーが閉まっていて、そのお店しか開いてなかったんですが、すごく食料品が充実していて重宝したんです。

そこで、私が目を付けたのは棒餃子。１００円で5本も入っていてすごくお得。フライパンで焼かず、電子レンジで温めるだけの簡単調理で美味しいのでとても気に入って大量買いするようになりました。油もそんなに使っていないし、カロリーも低め。大量にまとめ買いをして毎晩、夜中に帰ってきたら、棒餃子をチンして白米と一緒にかきこむ生活を続けていました。

すると1カ月後、急に全身のリンパ節が腫れてしまい、病院に行っても原因不明。結局1週間ぐらい仕事を休むことになりました。実はこれまで仕事を休んだことはなく、具合が悪いと思っても出勤してしまい、帰宅して熱を測ると39度もあって倒れこむというパターンが多かった。基本的に「自分は大丈夫」という精神面だけで仕事に取り組んでしまうので、身体面での不調を感じても無理して仕事を続けてしまうのです。

ですから相当、症状が出ないと休まないのですが、そんな私が初めて長期間休みました。1週間たって腫れは引いたんですけど、今思えば当時、中国産餃子の殺虫剤混入事件があった頃。私が食べていた餃子も中国産で、もしかしたら……

という気もしています。

いずれにしても、同じものばかり毎日連続で食べるのは良くないということを実感して棒餃子生活はやめました。野菜も魚も食べず、激安餃子と白米だけの食生活が体にいいわけないですよね。

Diet History

安心なヘルシー冷凍宅配弁当にするもやっぱり物足りず……

そこで、カロリーが低めの『冷凍宅配弁当[※37]』をとることにしました。主に高齢者をターゲットにしているお弁当で、和食が中心でヘルシーな食材を使っているため健康的。これなら、安心して食べられるしバランスもよく、調理もレンジでチンするだけ！

1カ月ぐらいは続けていましたけど、健康的な分、味も薄めだし、量も少なくて物足りないんですよね。

結局、お弁当を食べた後に、お菓子を食べてしまうという状態。夕食の足りないカロリーを炭水化物と糖類たっぷりのお菓子で補うなんて本末転倒。痩せることはありませんでした。

Diet History

スーパーフードは自分に合うものを選ぶことが痩せるコツ

『スーパーフード』[※38]が話題になったときも、「これはキレイに痩せそう」と思って飛びつきました。チアシードやキヌア、ココナッツオイルなどたくさん発売されましたよね。スーパーフードは種類がいろいろあるので、自分に合うものを選ぶのがポイントだと思います。私もいろいろと試してみましたが、「これが痩せた！」というものは正直ありませんでした。

その中でも、一番よかったと感じたのがチアシード。オメガ3脂肪酸も豊富で

[＊37] **冷凍宅配弁当**
宅配食事サービスの冷凍食品をダイエットに活用。高齢者向けのメニューはヘルシーな反面、続けるにはコスト大。

[＊38] **スーパーフード**
スーパーモデルやハリウッド女優などから流行。チアシード、ココナッツオイルはダイエット効果も注目された。

食物繊維も多く含むアンチエイジングの観点からもおすすめです。パンケーキなどに混ぜて食べていましたが、体調も良くなりましたし、肌ツヤがよくなりました。

食べ物以外で実践していたのは『**小顔ローラー**』[※39]。顔周りをコロコロしてフェイスラインをアップするローラーです。当時、爆発的に流行っていたので、もちろん私も購入。だけど、かえってたるみやしみがひどくなってしまいました……。

その理由は、強い力をかけて刺激を与え続けることで摩擦によりしみができたり、皮膚を引っぱるためたるみの原因に。結局、私はたるみを感じて使用を中止。

このように30代は忙しさの中でも健康的に痩せる食生活を模索しながら終わっていったのです。

Diet History

40歳で離婚。心機一転、東京へ

夫婦の別居生活は7年を迎え、お互いの忙しさが原因で私が40歳のとき、離婚をすることになりました。

夫が関西から地方へ転勤することになり、仕事を辞めるように言われたことが大きなきっかけです。

決して、嫌いで別れた訳ではありませんが、いろいろな事情が重なりました。家庭より仕事をとってしまったんです。夫も私の仕事へのめり込む性格を理解していましたから、もめることもなく円満離婚でした。

[*39] **小顔ローラー**
顔の上をコロコロ転がすことにより、凝り固まった表情筋をほぐして小顔を目指す美容器具。力加減が意外と難しい。

それと同時に私の身辺も大きく動きました。

アンチエイジング医療において、私の師匠でもある先生が東京・恵比寿にクリニックを開き、そこの院長に指名されたのです。東京で半年ほど経験を積んで、いったん関西に戻り、本格的に東京で自分の医院を開業する準備を始めました。恵比寿時代に短い期間ではありましたが顧客もつき、東京でやってみたいという目標ができたのです。

離婚もしたことですし、心機一転、新しい世界に踏み出すことに決めました。


それでも30代の頃は、まだ食事を抜くだけで痩せられました。それが40代を迎えたときに、ただ食事を抜くだけでは痩せなくなった。

結局、一番痩せていた結婚式時代から痩せたり太ったりを繰り返して29歳の体重から20キロ増えた状態で再度、東京へ。

42歳、太りぎみのアンチエイジングドクターは、東京で「デブ女医」という現実を突きつけられて、初めて「本気で痩せる」という気持ちで最後のダイエットをすることになったのです。

数々のダイエットのトライアンドエラーを繰り返して、分かったことは食べるのを我慢するものとお金がかかるもの、エステやサロンなど通わないといけないものは長続きしないということ。

もちろん、きちんと続けられる人はいいと思いますが、私みたいな飽き性で面倒くさがりやのタイプはダメでした。

お金も時間もかけずに、身近なもので毎日、無理なく続けられるもの。それが食生活と軽いストレッチだったのです。

Column 3

糖質制限のメリット・デメリット

糖質制限は女性には向かないダイエット法

巷では話題の糖質制限ですが、アンチエイジングの観点から女性にはおすすめしません。確かに糖質を制限することで体脂肪は減りますが体内が低血糖値状態になり、ホルモンのバランスが崩れて自律神経系が乱れるおそれが。常にイライラしたり、ふさぎ込んでうつのような症状が出たりとさまざまな弊害が出てくる危険性があります。

また、ホルモンバランスの乱れにより、女性らしい体をつくるエストロゲンが減少して、ごつごつとした男性のような体つきになってしまう可能性も。厳しい糖質制限をしている女性ボクサーをイメージしてください。しなやかな女性らしい体というよりも、余計な脂肪は一切なく、筋肉が浮き出たアスリート体型ですよね。アンチエイジングドクターとしては、アスリート体型ではなく、女性らしいボディラインを目指してほしいもの。そのため、ある程度の糖分は必要だと考えています。体重が減って痩せればダイエット成功ではありません。

ガリガリのシワシワに痩せてしまっては決してキレイとは言えないのです。糖質制限は男性には効果的かもしれませんが、女性には向かないダイエット法だと思っています。

Chapter 04

ダイエットに年齢は関係ない！
アナタも今日からすぐできる簡単ダイエットテク

美習慣、

痩せ習慣で、

別人に
生まれ変わる！

-15kg

Final Diet

キレイに痩せるには食事とストレッチ。たった、この2つだけ

これまで私の長すぎるダイエットヒストリーを紹介しましたが、ここからはアンチエイジングドクターの観点と実際に自分が経験したうえで効果があってリバウンドしないダイエット方法を紹介します。

一般的に痩せにくいと言われる30代後半から40代でもキレイに痩せられるポイントは2つ。食事とストレッチ。これだけです。

「痩せる食事って何？」と思いますよね。答えは簡単。「自炊をすること」です。**自分で料理をすると、太る原因となってしまう食材や食べ方を避けることができます。痩せる食事とは「食材」と「食べ方」が重要。**まずは「食材」からみてみましょう。

Final Diet

まずは化学調味料を一切やめる

一番初めにやっていただきたいのは、**食品を買う際に成分表を見て、化学調味料が入っていないものを選ぶこと。**これだけで痩せるといっても過言ではありません。

化学調味料は人工的につくられた調味料のため体内に吸収された後、消化するのに時間がかかります。そのため代謝が落ちてしまい、太る体質になってしまうのです。私はもともと、カップラーメンも冷凍パスタも大好きでした。でも、お湯を入れるだけ、電子レンジで温めるだけで味がしっかりついた食べ物には化学調味料がたっぷり。これらを一切やめたことで、あっという間に痩せ体質に変化したのです。

調味料もいろいろなうま味成分が入っているものではなく、できるだけ素材のみが入っているシンプルなものを選ぶようにしてください。それだけでも必ず体が変わるはずです。

Final Diet

白い炭水化物は「茶色」に変える

白米や白いパン、麺類、白砂糖など白い食材は食後に血糖値を上げやすい高GI値食品。第1章でもお話ししましたが（P36参照）、血糖値コントロールはダイエットのカギです。そこで、**白米は『玄米』、白いパンや麺類は『全粒粉』、白砂糖は『きび砂糖』など低GI値食品に変えましょう。**

玄米は白米に比べて食物繊維が豊富で栄養素が高い。それはみなさんご存じだと思いますが、水に長時間浸けるなど少し手間がかかる印象ですよね。そこでオススメしたいのが私も使っている『ロウカット玄米』。通常の玄米よりも炊飯が簡単で胃への負担が少なく、かつ白米と同じ浸漬時間で簡単に炊けてしまいます。ロウカット玄米はわが家の主食で朝と昼に食べるようにしています。

全粒粉とは小麦粉の一種で、白い小麦粉は小麦の胚芽しか使いませんが、全粒粉は胚芽だけでなく小麦の表皮まで粉にしたもの。食物繊維やミネラルが豊富で血糖値を上げにくいのが特徴です。パン屋さんで購入するのもいいですが、近くに購入できる場所がなければオススメはホームベーカリー。材料を入れるだけで、翌朝には焼きたてのパンが食べられますし、長い目で見ればお得です。

Final Diet

油は脂肪燃焼効果のあるオメガ3が入った「エゴマ油」「亜麻仁油」

昔、『油抜きダイエット』で肌も髪もパサパサになってしまったように、油はアンチエイジングと密接な関係がある食材。脂質である油は三大栄養素で健康維持には欠かせません。だからこそ、良質な油である不飽和脂肪酸を選びましょう。

注目したいのは、**オメガ3脂肪酸が含まれる『エゴマ油』や『亜麻仁油』**。オメガ3は不飽和脂肪酸でコレステロールや中性脂肪を下げる働きがあり、主成分であるα－リノレン酸は脂肪燃焼効果や美肌効果も高い。ただ、α－リノレン酸は熱に弱く、酸化しやすいので加熱せずに生で摂るようにしましょう。私は野菜サラダにオメガ3の油とミネラル豊富なヒマラヤ岩塩だけでシンプルに食べるようにしています。

Final Diet

消化をスムーズにして老廃物排出を促す「水耕栽培野菜」

オメガ3の油と一緒に摂りたいのが水耕栽培野菜。文字通り、土を使わず水だけで育てる野菜です。水耕栽培野菜のメリットは農薬を使わずに栽培できること。ですから安心して生で食べられます。

野菜は生で食べることで酵素や栄養素を効率よく摂れます。酵素の代表的な働きは、食べたものを消化するときに活躍。体内で消化吸収する際に多くの酵素が必要となりますが、これが足りなくなると代謝が低下し老廃物をため込む体になってしまいます。しかし、40歳を越えると体内でつくられる酵素が減少の傾向に。そのため野菜から摂取することが大切なのです。

そして水耕栽培野菜は純粋に美味しい。苦味が少なくて葉がやわらかい『アメ玉レタス』は雑味がなく、本来の美味しさを感じられ他のレタスが食べられなくなるほど。また、水耕栽培ではないですが『リコピンにんじん』もおすすめ。一般的なにんじんよりも抗酸化作用が高いリコピンが多く含まれており美肌効果もあります。これも、通常のにんじんよりも甘くて美味しい。太っていた頃は生野菜、サラダが苦手だった私が苦手意識を克服できたほどです。

これまで紹介した茶色の食材や油、野菜は健康で美味しい分、少し割高かもしれません。でも、考えてみてください。300円のケーキは平気で買うのに、にんじんが300円だとなぜ、躊躇《ちゅうちょ》してしまうのでしょう。

一回、甘いものを我慢した気持ちで美味しい食材を買ってみてください。もっと高価なダイエット食品やエステに通うよりは数百円だけ高い食材を選ぶほうが、ずっと効果が出やすいですよ。

Final Diet

朝食は茶色の主食に野菜、完全栄養食の卵をプラス

太っていた頃、朝はほとんど食べていませんでした。**逆にいえば、朝食を食べない習慣のまま痩せるのはあり得ないかもしれません。朝食は一日のエネルギー源であるし、血糖値上昇を控えるためにも、必ず摂るようにしましょう。**

わが家の朝食の主食は玄米か全粒粉のパン。それと野菜のサラダと卵料理は欠かさないです。「卵はコレステロールが高い」といわれていますが、健康に影響はないという研究結果も発表されています。卵は完全栄養食のひとつでたんぱく質も豊富。朝食べたものはエネルギーに変わるので、卵を毎朝2つ目玉焼きやスクランブルエッグにして食べるようにしています。

ゆで卵でもいいのですが、私は『ゆで卵ダイエット』のやりすぎでトラウマなので、ゆで卵は食べません（笑）。

しっかりとお肉が食べたいと思ったときは朝食に取り入れます。ハンバーグやステーキなど、お肉を焼いて食べることも多いです。

Final Diet

昼食は万能ダイエットフードのカレー

私の昼食はほぼカレー。「カレーってカロリーが高いでしょ！」と思うかもしれませんが、カレーのカロリーが高いのは主に市販のカレールーに調味料や油脂、添加物が入っているから。カレーパウダーをベースにすればヘルシーだし、野菜もお肉もしっかり摂れて栄養抜群です。スーパーで売っている『カレーパウダー』をベースにスパイスを使用して作ります。

じつはスパイスが効いたカレーはアンチエイジングフードとしてぴったり。クミンやコリアンダーなどのスパイス類は抗酸化力が高く、老化を抑制する働きがあります。ターメリック（ウコン）の色素成分であるクルクミンは肝機能を高め、コレステロール値を下げる効果も。スパイスにかぼちゃやにんじんなどの野菜をミキサーにかけてトロトロにして加えると、野菜の甘みとカレー特有のとろみが出てきて市販のルーを使わなくても味にボリュームが出ます。

ポイントは鶏のゆで汁を入れること。ゆで汁はチキンコンソメの代わりになり、化学調味料を使わなくても味に深みが出ます。私の場合は、夕飯で作る「おかずサラダ」で使った鶏のゆで汁を入れることが多いです。

そして、カレーは具材も自在。旬の野菜や食物繊維豊富なきのこ類などを入れてデトックス効果を狙うなど、健康食材をたくさん摂れることも魅力です。

Final Diet

夕食は水耕栽培野菜にたんぱく質でおかずサラダ

夕食は炭水化物を摂らず、サラダを主食にしています。でも、もともとジャンクフードが大好きで野菜嫌いですから、野菜だけじゃ味気がない。そこで、毎日飽きずに食べられるよう「おかずサラダ」にして食べるようにしています。**おすすめは『サーモン』や『鶏むね肉』。サーモンにはアスタキサンチンという抗酸化作用成分が含まれていて、体の活性酸素を除去する効果があるといわれています。鶏むね肉には同じく抗酸化作用や疲労回復効果があるイミダペプチドという成分が含まれていて、両方とも美肌やアンチエイジングにおすすめの食材。**私はサーモンはホイル焼きにして、鶏むね肉はゆでて余分な脂を落としてからサラダに入れることが多いです。健康や美容に良いだけでなく、食べた満足感も味わえますよ。

ただ、ドレッシングやマヨネーズはかけません。その代わり、脂肪燃焼効果があり、悪玉コレステロールを抑制する働きがある亜麻仁油やエゴマ油をかけてヒマラヤ岩塩をひと振り。これで完成です

毎日サラダだけでは飽きてしまうので、たまには野菜と豚肉でしゃぶしゃぶをすることも。老廃物を排出する効果のあるカリウムが豊富な野菜を温野菜にして食べます。このときもタレはごまだれなど濃厚なものではなく、ぽん酢を少しつ

けて食べるようにしています。ぽん酢はお気に入りの調味料。少し濃い味も食べたいなと思ったときは、ドレッシングや醤油の代わりにぽん酢を使っています。

Final Diet

調味料は「むくみ」の原因。かけるならぽん酢がイチオシ

年齢を重ねると代謝が悪くなり「むくみ太り」に悩まされる方も多いと思います。じつはむくみは塩分が原因のひとつ。成人した人間の体は約60％が水分ですが、**塩分に含まれるナトリウムが水分を取り込む性質を持つため、過剰な塩分を摂取すると血液の量が増えて、血管を押し広げる影響でむくみが生じます。**

ですから、塩分が多く含まれる化学調味料や食品添加物は使わないように。味が物足りないと感じたらドレッシングやソースよりも、塩分が控えめで体内脂肪をエネルギーに変えるクエン酸が豊富なお酢を使った『ぽん酢』がオススメです。外食などで塩分を摂りすぎたときは、カリウムが豊富な野菜やビタミンが含まれる果物で補いましょう

Final Diet

間食はグラノーラかナッツ類。赤ちゃん用おやつも強い味方

お菓子が大好きな私ですが、最終的に落ち着いたのは『ナッツ』や『玄米グラノーラ』。ナッツ類は抗酸化作用が高く美容フードとしても人気ですよね。噛みごたえもあるので、満足感もありますし、唾液の分泌を促して消化吸収がアップする効果もあります。ただし、ポイントは無塩で油を使っていない素焼きのものを選ぶことと、1食分は手のひらに乗るぐらいの量を食べること。体にいいからといって食べすぎは禁物です。玄米グラノーラは食物繊維が豊富で栄養バランスがよいので小腹を満たすのにぴったり。

そして、最近よく食べているのは『赤ちゃん用のおやつ』。ビスケットやおせんべいなどをよく食べています。**赤ちゃん用のおやつは添加物も入っておらず、栄養素も豊富。**そして一袋が小さいサイズですから食べ過ぎることもありません。

Final Diet

やめられないチョコレートは、小分けにして工夫して食べる

でも、どうしてもやめられないのがチョコレート。ただ、変えたのは量。昔は板チョコ1枚、チョコレートバーは2本食べていたのを板チョコなら3カケ、チョコレートバーは3分の1本。それまでおやつは量がたくさん入っているお得なファミリーパックばかり買っていました。でも、量があって安いものは「安いし、まだたくさんあるし！」という感覚が出て一度開けたら躊躇なくどんどん食べてしまいがち。

そこで、チョコレートも少し高くていいものを買うようにしたのです。**カカオポリフェノールが豊富なものや糖分が少ないカカオ70%以上のものを選ぶ**と、一気に食べるのがもったいなくて、少ない量でも我慢できるようになりました。

そして、その日に食べる分のおやつを小分けのビニール袋に入れて食べる分を制限。そうすると必然的に食べる量は減ります。

Final Diet

ホットヨーグルトで「デブ菌」を撃退

腸内環境とダイエットが密接な関係があることはお伝えしましたが（P113参照）で、腸内には「デブ菌（ファーミキューテス）」と「痩せ菌（バクテロイデス）」がおり、「痩せ菌」を増やすことで太りにくい体質になります。

そのために有効なのが『ホットヨーグルト』。**腸の温度は38℃前後で、痩せ菌は温かい温度になると増えていくため、同じぐらいの温度に温めたヨーグルトを食べると吸収率が高まります。**

そして、温めたことで活性化した乳酸菌が腸にしっかり届いて痩せ菌が活発化。600Wの電子レンジでラップをかけずに40秒程度温め、よくかき混ぜてから食べましょう。

Final Diet

食べても痩せる1日5食ダイエット

そして「食べ方」も重要なポイントです。

食事は1日5回。朝、昼、夜の3食の間に2回、ナッツや玄米グラノーラなどの間食を挟みましょう。

太っていた頃は1日2食、忙しいときは1食でしたが、甘いものだけはしっかり食べる。「今日は1食しか食べてないからアイスクリームを2つ食べてもいいよね」と、根拠のない足し算・引き算で食事をして失敗。今は、1日5食にしたことで食べる量は以前より増えましたが、体重は減りました。

その理由は食事の間隔をあけないことで血糖値をコントロールしているから。空腹の時間が長くなるほど血糖値が上がるため、すきっ腹で食事を摂ると急激に血糖値が上がり脂肪が溜まりやすくなるのです。ですから、3食の合間にナッツや玄米グラノーラなど血糖値の上がりにくい間食を挟むことで、脂肪がつくのを抑える効果があります。

それでは、どんなタイミングで間食をとればいいか。参考程度に、私の1日の食事スケジュールを紹介します。

7時…朝食　全粒粉パンか玄米の炭水化物と卵料理のたんぱく質、野菜など。

10時…1回目の間食　ナッツや玄米グラノーラなど1回目の間食。

13時…昼食　野菜たっぷりのカレーやお好み焼きなど血糖値の上がりにくい炭水化物がメイン。

16時…2回目の間食　ナッツや玄米フレークのほか、腸内環境を整えるヨーグル

トドリンクなど（どれか1種類）。
19時…夕食　おかずサラダなど。

理想は食事間隔を約3時間にすること。空腹感を抑えて血糖値が上がるのをセーブするようにします。ただ、3時間というのはあくまで目安。空腹を抑えることが目的なので、厳密に「この時間間隔でないとダメ」ということはありません。

Final Diet

痩せ体質をつくるカギは血糖値コントロール

これまで食事内容や食べるタイミングについてお話ししましたが、食べる順番や食べ方も痩せ体型につながる重要なポイント！　先ほどからちょくちょく出てきている「血糖値」というキーワード。これがカギです。

血糖値は食事から糖分を摂取すると上がりますが、この値を下げるためにすい臓からインスリンというホルモンが分泌されます。しかし、血糖値が急激に上がると、それを下げようとインスリンも大量に分泌。これが余ってしまうと消費されなかった糖を脂肪としてため込んでしまうのです。

つまり、**インスリンが過剰に出てしまうような食事の仕方をすると、同時に脂肪も増えてしまうということ。**そのために私は間食を多めにして、血糖値を急激に上げないような食べ方をしているのです。

それ以外に食べる順番も血糖値に大きく影響します。インスリン分泌を抑えるためには血糖値をゆるやかに上げる食べ物から口にします。

その指標となるのがＧＩ値です。これは食後の血糖値の上がり方を数値で表したものです。ＧＩ値70以上が高ＧＩ食品。69～56が中ＧＩ食品。55以下が低ＧＩ食品とされています。**食べる順番は低ＧＩ食品から高ＧＩ食品の順がベストです。**一例をあげますと……。

高GI食品　白米、餅、食パン、うどん、ビーフン、じゃがいも、チョコレート

中GI食品　玄米＋白米、パスタ、かぼちゃ、さといも、アイスクリーム

低GI食品　玄米、全粒粉パン、そば、肉類、魚類、キャベツ、白菜、ほうれん草、梨、海藻類、豆類、ヨーグルト

この数値をもとに食事は野菜や海藻類、肉、魚類などから食べて、最後に野菜でも根菜類や炭水化物などを食べるようにしています

Final Diet

リバウンドしない「脳をだます」食べ方

リバウンドをしてしまう一番の理由は、無理な我慢の反動で暴飲暴食をしてしまうから。

私が長年ダイエットをしていて思ったのは成功する秘訣は「我慢をし

ない」ことです。「これを食べてはいけない」など決めつけないようにしてください。どうしてもチョコレートが食べたいときは一口だけ食べる。そうすると脳が食べたことで満足して落ち着きます。

我慢をすればするだけ暴食する傾向が出てしまうので、量よりも「食べたこと」で脳を安心させる「脳をだます」食べ方をしてみましょう。

Final Diet

外食だってOK。ただ、「食べないもの」を決める

毎日自炊をするのはなかなか大変。私も友達や仕事のお付き合いで外食をする日もあります。そのときはコース料理ではなく、アラカルトにして食べるものをチョイス。

まず、炭水化物や揚げ物は避けて、鶏肉や野菜が入ったメニューを頼みます。そして、野菜はできるだけたくさん食べる。外食は塩分を摂りすぎてしまうため、野菜に含まれるカリウムを一緒に摂ると翌日、排出がスムーズです。

ちなみに、イタリアンではパスタは選ばず、中華ではシメに麺類やチャーハンは食べず、焼鳥屋さんでは焼鳥や蒸し鶏を中心にして、から揚げはやめる、と、食べないものだけはっきりとルールを決めて、あとはその日に食べたいものを自由に食べるようにしています。

そして、外食をするときに太らない食べ方として実行してほしいのは最初に好きなものから食べること。好きなものから食べると、食べられた満足感で満腹中枢が刺激されて、食べる量を抑えることができます。

例えば、幕の内弁当など、いろいろなおかずが入っている料理を思い浮かべてください。最後に好きなものを食べようと、他のものから食べていると、お腹がいっぱいになってきても「好きなものがまだ残っている」と考えて、最後まで食べようとしますよね。これが太る原因。外食で提供された量をすべて食べようとするのではなく、ひとり分の食事量は自分で決めるようにしましょう。好きなものから食べて、満足感を得たらそこで食事は終わり。残すことに罪悪感を覚えないこと。この考えが無駄なものを溜め込まない痩せ体質になるのです。

ただ、外食の後は必ず自宅でストレッチやダンスをいつもよりに長めに行う！ 普段は15分のところ1時間運動するなどして、できるだけ消化するように心掛けています。このストレッチ・ダンス方法は後述しますね。

Final Diet

運動はしません！キレイに痩せるならストレッチ

そして、もうひとつの痩せるポイント「ストレッチ」。**食事だけでなく、体を動かすことで、脂肪を燃やし、血液やリンパの流れをよくして基礎代謝や新陳代謝を活性化させます。**

ただ、私は「運動」は反対派。30代後半から40代が美しく痩せるには、激しい運動はかえって逆効果になる可能性があります。

たとえばジョギング。ダイエットの定番運動ですよね。でも、ジョギングは有酸素運動のため走ることで活性酸素が増えて肌の老化や、走る振動から体型が崩れる原因に。アンチエイジングの観点からはオススメできません。30分ジョギングをするならば、60分早歩きを意識しながら散歩をするほうが効果的です。

それと同様で激しい筋トレやスポーツジムでのトレーニングマシンも体が酸化してしまい、スリムにはなったけれど肌がシワシワでキレイとはいえない痩せ方をする場合もあります。

Final Diet

痩せる体質になるピンポイントストレッチ

しなやかなでキレイな体型をつくるならストレッチ。それも1日15分程度、痩せ体質をつくるピンポイントの場所を動かす簡単なものです。

上半身痩せを目指すなら、注目してほしいのは鎖骨付近からわきの下、肩甲骨

付近にある『褐色脂肪細胞』（P188参照）。この細胞から分泌タンパクのアディポネクチンが分泌され、体内に蓄積されたエネルギーを燃やす働きがあります。この細胞を刺激するストレッチで痩せスイッチをONにします（P178参照）。

下半身太り解消なら『股関節』。股関節は意識して動かすことがなかなかない部分なので、筋肉がかたくなり、お尻まわりや太ももが太くなってしまうのです。また、股関節はリンパが集中している部分でもあるので、動かさずに流れを停滞させるとむくみやセルライトを引き起こすことに。股関節を効果的に動かすことで流れをよくして老廃物を排出。スッキリとした下半身を目指しましょう。

具体的なストレッチの方法は後述しますが（P178参照）、**ストレッチをするときに必ず用意してほしいのは全身鏡。**ただ、漫然と動いては効果も半減。鏡を見ながら、どの筋肉が動いているかをきちんと把握しながら行ってください。

Final Diet

私がグングン痩せた『女性K-POPダンス』

個人的に私が痩せたエクササイズを紹介します。それはK-POPグループのダンス。特にファンでもなかったのですが、ある日、彼女たちのダンスを見ると、腕を引くときは肩甲骨を寄せるように大きく動かしながらも手先はしなやかで、腰を回すときも骨盤をしっかり回しているけれど同時にウエスト部分も「く」の字に動かしてボディラインを強調するように動いている。女性らしいポーズを取りながらも、筋肉はしっかり動かしているのでセクシーだけど、運動量は高いと思ったのです。

そして、注目したのは、**彼女たちのダンスは年齢を重ねると動かさなくなりがちな骨盤まわりや足の付け根などをよく動かしています。つまり、アラフォー背世代の悩みのタネである「下半身太り」を解消する動きだなと感じました。**そこで、このダンスをエクササイズとして取り入れることにしたのです！

用意するのは全身が写る鏡とＤＶＤ。毎晩、パソコンで彼女たちのダンスを見ながらマネして踊るようにしました。バストを強調したり、ウエストを回したりヒップを持ち上げたりと女性らしい動きとハードなエクササイズがミックスしているダンスが特徴です。でも、ただマネをするだけでなく、鏡を見ながら、どこの筋肉が動いているのかを意識することがポイント。特に下半身は重点的に動かします。

これを入浴後に15分、外食で食べすぎてしまった日には1時間、毎晩やるように心掛けました。

40歳を越えて若いアイドルのダンスをするなんて恥ずかしい、と思うかもしれませんが、自宅で好きな時間に好きなだけ踊れるのは大きなメリット。これまでいろんな運動が続かなかったのは、通うのができないだけでなく、ダンスやヨガレッスンだと「先生や他の人もいるから間違うと恥ずかしい」という気恥ずかしい思いもありました。

でも、自宅であれば何度間違えたって平気ですし、ウエストだって大きく思う存分回せます（笑）。私みたいな面倒くさがりでネガティブマインド体質にはぴったりのエクササイズ方法です。今でも運動は簡単なストレッチとダンス。これだけしかやっていません。

ただ、運動をする際に気を付けてほしいのは、運動は「食後」に行うこと。この順番を間違えるとかえって逆効果になってしまいます。「食前」に運動をすると空腹の場合、血糖値が下がることで基礎代謝が落ちてしまい脂肪をうまく燃焼できません。そして、血糖値が下がった状態で食事をすると、一気に血糖値が上がりインスリンが分泌。脂肪を溜め込んでしまうのです。だからこそ運動は必ず食後に行うこと。食事で血糖値が上がった状態で運動をすると血中の糖類や脂肪を燃焼して血糖値の上昇を抑える役割を果たします。

ただし、食後すぐの運動は消化不良の原因になり、腹痛などの症状が出る場合があるため、最低でも食後1時間はおいてから動くようにしましょう。

効果は半年もしないうちに現れてきて、XLサイズだったパンツはMサイズに。13号だったスーツは9号になりました。そして今では7号でも少しゆるいぐらい!

何より嬉しかったのは〝ぽっこりお腹〟が解消されてヒップが上がったこと!下半身太りが見事に改善されてファッションもパンツから脚を出すスカートをはくようになりました。ボディラインが女性らしくなるとファッションもフェミニンが似合うようになるんですよ。

ストレッチや早歩きなど日々の生活の中で無理なくできることをするだけ。そうすると続けられるし、動くことが習慣になります。そこが狙いです!

リバウンドしない体をつくるには、食事もストレッチも生活の一部にしてしまうこと。合い言葉は「無理をしない」。無理せず日々の習慣にしていくことで体は驚くほど変わっていくのです。

まとめ

ダイエットの最終結論

私が実際に体験した結果と、医学的な視点を合わせた「痩せるためにやるべきことの結論」を最後にまとめました。まずはこの5つから実践するだけで、確実にからだは変わります。

1

ホットヨーグルトで痩せスイッチをオン！

痩せ体質を目指すには腸内環境を整えることが最初の一歩。整腸作用が高い乳酸菌が含まれるヨーグルトを温めることで菌が活性化し、腸内のデブ菌を一掃してくれるのです。（P151 参照）

2

「添加物を摂らない」これだけで痩せ体質に

添加物は体内で消化しづらいため肝機能に負担がかかり、脂肪や老廃物を溜め込む元凶。添加物を摂らないだけで代謝が上がり、みるみる健康的に痩せていきます。

3

朝食は卵、昼食はカレー、夜食はサラダが基本

朝は完全栄養食の卵料理を取り入れ、昼はスパイスたっぷりのカレーで代謝を上げて、夜は炭水化物を抜いてサラダをたっぷり。痩せ＆アンチエイジング効果バッチリの３食です。

4

○食べる⇒運動
×運動する⇒食べる

運動やストレッチは食後に行うことで効果アップ。食事で血糖値が上がった状態で運動をすると血中の糖類や脂肪を燃焼して血糖値の上昇を抑える役割を果たすのです。(P164参照)

5

好きなものから食べれば食べすぎ防止に

最初に好きなものから食べれば、食べた満足感や満腹感により、少ない量で食事を終えることができます。好きなものだけ食べて他は残す。それぐらいの潔さが痩せる秘訣です。(P158参照)

実践

食とストレッチで叶える

痩せ習慣

Dr. サワコが実践して効果があった食事＆ストレッチ方法を分かりやすく紹介！　この習慣を身に付ければ、アナタもみるみる痩せ体質に変化していくはず。ポイントは無理せず楽しくです！

Custom of Diet

食事編

1日5食、基本は自炊。朝・昼は茶色の炭水化物をメインに、夜は炭水化物は摂らずに野菜多めのメニュー。すぐに結果を出したいダイエットに集中するときの1週間の食生活を見てみましょう。

1週間食事ダイアリー

Monday
[月曜日]

7:00 朝食

水耕栽培野菜たっぷりのサラダと目玉焼き。主食はグラノーラ。豆乳スムージーと一緒に。

10:00 間食

最初の間食はミックスナッツ。30～40gを目安に。食べ過ぎは注意。

13:00 昼食

カレーパウダーベースにスパイスをたっぷり混ぜたカレー。温泉卵で栄養素をプラス。

16:00 間食

腸内環境を整えるヨーグルトドリンク。コラーゲン入りのタイプ。

19:00 夕食

水耕栽培の「アメ玉レタス」を使ったサラダ。ゆでた鶏肉を入れて、たんぱく質も摂取。

	Wednesday [水曜日]	Tuesday [火曜日]
7:00 朝食	 低GI値のパンケーキとにんじんと舞茸とチーズを焼いたおかず。	 全粒粉とリコピンにんじんを混ぜたパンケーキとスクランブルエッグ。
10:00 間食	 玄米フレークはカロリーが低く、腹持ちがよいので満足感がでる。	 カロリーが低めの玄米グラノーラは間食にオススメの食品。
13:00 昼食	 全粒粉とキャベツのヘルシーお好み焼き。野菜はサラダでしっかり摂る。	 きのこ、野菜をたっぷり入れたチキンカレー。目玉焼きも忘れずに。
16:00 間食	 忙しい仕事に合間にも手軽に飲めてしまうヨーグルトドリンクは重宝。	 くるみはナッツ類の中でもGI値が低く、オメガ3脂肪酸が豊富。
19:00 夕食	 大好きなリコピンにんじんをたっぷり。ゆでた鶏肉と温玉を添えて。	 ひと工夫してにんじんとレタスと鶏肉を生春巻きの皮の上に。

Thursday ［木曜日］

7:00 朝食

鶏ひき肉を使ったハンバーグ。しっかりお肉が食べたいときは朝に。

10:00 間食

玄米フレークは食物繊維豊富で美肌効果もアリ。ナッツに混ぜて。

13:00 昼食

自家製全粒粉パンに鶏肉、目玉焼きを挟んだボリュームサンドイッチ。

16:00 間食

この時間にホットヨーグルトを食べることも。仕事中も整腸します。

19:00 夕食

炭水化物を食べたいときはそば。つゆは少なめにするのがポイント。

Friday ［金曜日］

7:00 朝食

主食はリコピンにんじんを入れたチーズオムレツ。サラダもしっかり。

10:00 間食

デブ菌撲滅のためにヨーグルトドリンクはクリニックに常備。

13:00 昼食

ミキサーにかけた野菜・豆乳でまろやか味のカレー。焼き野菜も添えて。

16:00 間食

アーモンドはビタミンEが豊富でデトックス効果も抜群。

19:00 夕食

抗酸化作用のあるパプリカを入れて。エゴマ油をかけていただきます。

	Sunday [日曜日]	Saturday [土曜日]
7:00 朝食	 主食は玄米フレーク。バナナと豆乳を混ぜて食べれば代謝アップ。	 美容効果のあるアボカドに目玉焼きは3つ。自家製全粒粉パンと一緒に。
10:00 間食	 ナッツは食塩や油を使っていない素焼きのものを選んで。	 ヨーグルトは飽きないようフルーツやはちみつと一緒に食べることも。
13:00 昼食	 目玉焼きを添えてスパイスを効かせた辛めのカレーでデトックスを。	 玄米の巻き寿司。卵のほか、納豆や明太子、さばなどを具材に入れて。
16:00 間食	 カビや酸化を防ぐためにもナッツは食べきりサイズがオススメ。	 玄米グラノーラはしっかり噛んで満腹中枢を刺激。少量で満足できる。
19:00 夕食	 アスタキサンチン豊富なサーモンは軽く焼いて、おかずサラダに。	 豚肉のしゃぶしゃぶと白菜スープ。ミネラル分豊富な水も一緒に。

外食のちょっとしたコツ

毎日自炊はさすがに難しいですよね。食べるときにほんの少し気を付けるだけで、外食だってOK！　食べ方や料理の選び方のちょっとしたコツを習慣にして、楽しく美味しいものを食べましょう。

Before

After

時には完食せずに、残すことも大事！

機内食は自分でメニューが選べないので、夜であれば炭水化物を残したり、サンドイッチに挟まった野菜だけを食べたりと食べ方を考えて。出たものを全部食べようとしないことが太らないコツです。

アラカルトにして野菜たっぷりを心がけて

外食するときはアラカルトメニューを選ぶのが大切。イタリアンであればパスタはやめて、カリウムが豊富なサラダやマリネなどを積極的に食べるようにしています。

甘いものも諦めない

もともと甘いものは大好き。我慢するとその反動で暴食に走るため、毎日、必ず食べるようにしています。甘いもの好きでも満足できて、太りにくいおやつでストレスフリーにダイエットしましょう。

赤ちゃんのおやつはじつは大人女子の味方

添加物や化学調味料が入っていない赤ちゃん用のおやつは安全、かつ低カロリー。それで栄養も抜群なので大人のおやつとしても優秀です。量が少なめなのも◎

ナッツ類はオイルの種類と塩分量がポイント

ナッツやドライフルーツは間食におすすめですが、選ぶポイントはオイルはココナッツオイルで食塩不使用のもの。基本は無添加をチョイスするようにしましょう。

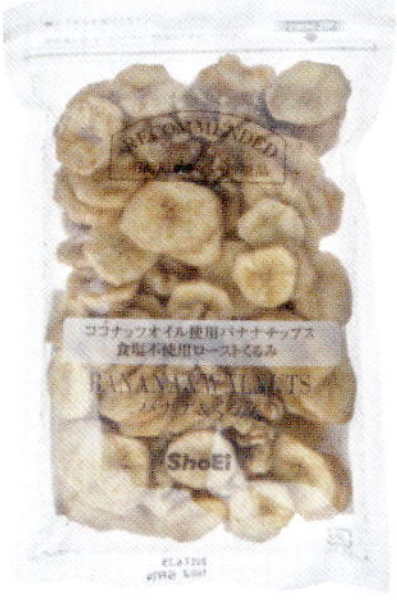

おやつは小分けにして食べる分だけ持ち歩く

大好きなチョコレートは小分けにして持ち歩くように。おやつは、今日食べる分だけを袋に入れておけば、食べ過ぎることなく、適量で済むことができます。

調味料、これだけは揃えて!

ヒマラヤ岩塩

ミネラルを豊富に含み、蓄積された脂肪などを排出するデトックス効果がある岩塩。消化器官の機能改善も期待され、消化の促進にもなります。サラダだけでなく、調理にも使っています。

エゴマ油

オメガ3脂肪酸が多く含まれており、ダイエット効果だけでなく血栓の予防など健康面でも高い効果を発揮します。熱に弱い油なので、開封後は冷蔵庫で保管するようにしましょう。

ポン酢

醤油よりも塩分が少なく、含まれている柑橘類のクエン酸で美肌効果も期待。サラダなど味が物足りないときに使用。少しずつかけられるように工夫されたボトルなので、かけすぎ防止にもなります。

生で食べて安心な野菜たち

水耕栽培レタス

水耕栽培で苦みが少なく葉がとても柔らかいレタス。栽培時農薬不使用のため、軽く洗って生でどんどん食べられます。名前の通り「アメ玉」のようなカワイイパッケージも嬉しい。

水耕栽培レタス

丸みがあって柔らかな口当たりが特徴の水耕栽培レタス。栽培時農薬不使用だから、パッと洗うだけで、すぐに食卓に出すことができます。レタス特有の苦みがないので、生野菜嫌いでも大丈夫。

リコピンにんじん

一般のにんじんにはほぼ含まれない抗酸化作用や美肌効果が高いリコピンが豊富。濃い赤色が特徴で、にんじん独特の香りが少なく甘みが強いので生で食べるのがおすすめ。

茶色のものに変えるとキレイになる

玄米

玄米の栄養をそのままに白米のように手軽に炊ける「ロウカット玄米」がイチオシ。玄米の表面を覆うロウを取り除くため、ふっくらと美味しい食感がありながら、栄養素はしっかりという理想食。

玄米フレーク

ビタミンE、B_1、B_2などが豊富で抗酸化作用がある食材。ナッツ類と一緒に摂ると、効果をより発揮するのでミックスして間食に食べるのもおすすめ。フルーツと共に朝食にしてもOK。

全粒粉パン

食物繊維、ビタミン、ミネラル、ポリフェノールなど体によい栄養素がたっぷり入った全粒粉。パン用の全粒粉を買ってきて、ホームベーカリーで焼けば、コストパフォーマンスもいいですよ。

Mini Column

ホットヨーグルトでみるみる痩せ体質に

痩せ体質をつくるには腸内環境を整えるのが近道。善玉菌を増やす乳酸菌を効率よく摂れるのがホットヨーグルトです。温めることで腸内の吸収率がグンとアップするので、ヨーグルトを耐熱容器に入れて電子レンジ（600W）で40秒ほど加熱しましょう。免疫力が上がるだけでなく、便通もスムーズになり、ぽっこりお腹を解消する効果も！

ストレッチ編

01 肩甲骨を動かして痩せ体質になるストレッチ

「食べた後は動く」が、さらなる痩せ体質をつくるコツ。激しい運動は必要ありません。ポイントを絞り、効果的に痩せられる簡単なストレッチを紹介します。毎日15分、試してみてください。

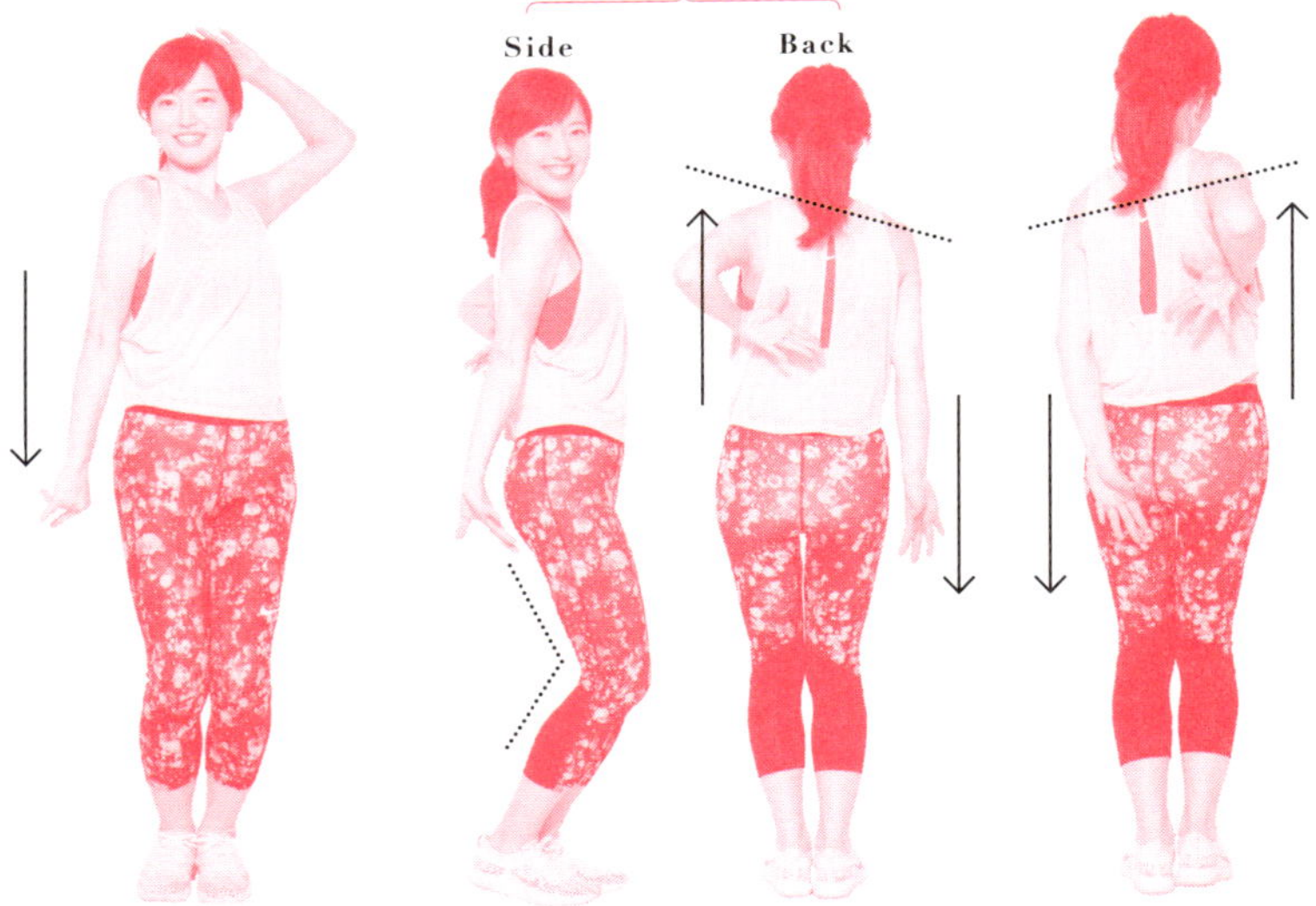

[1]

鎖骨付近からわきの下、肩甲骨周りにある「褐色脂肪細胞」を動かして痩せやすい体に。まずは、右手を内側に寄せように上げる。

[2]

左腕も同様に上げて右手は少し下げるような気持ちで。このとき、肩甲骨を内側に寄せ、肩甲骨の筋肉が動いていることを意識して。

横から見たところ。手を上げているときは両膝を少し前に出してウエスト部分の筋肉が動くように意識。くびれをつくる動きです。

[3]

右手を後ろに大きく回して肩甲骨とわきの下を動かし、褐色脂肪細胞を刺激。両膝を出してくびれも意識する。左手も同様に回す。

02 下腹へこませストレッチ

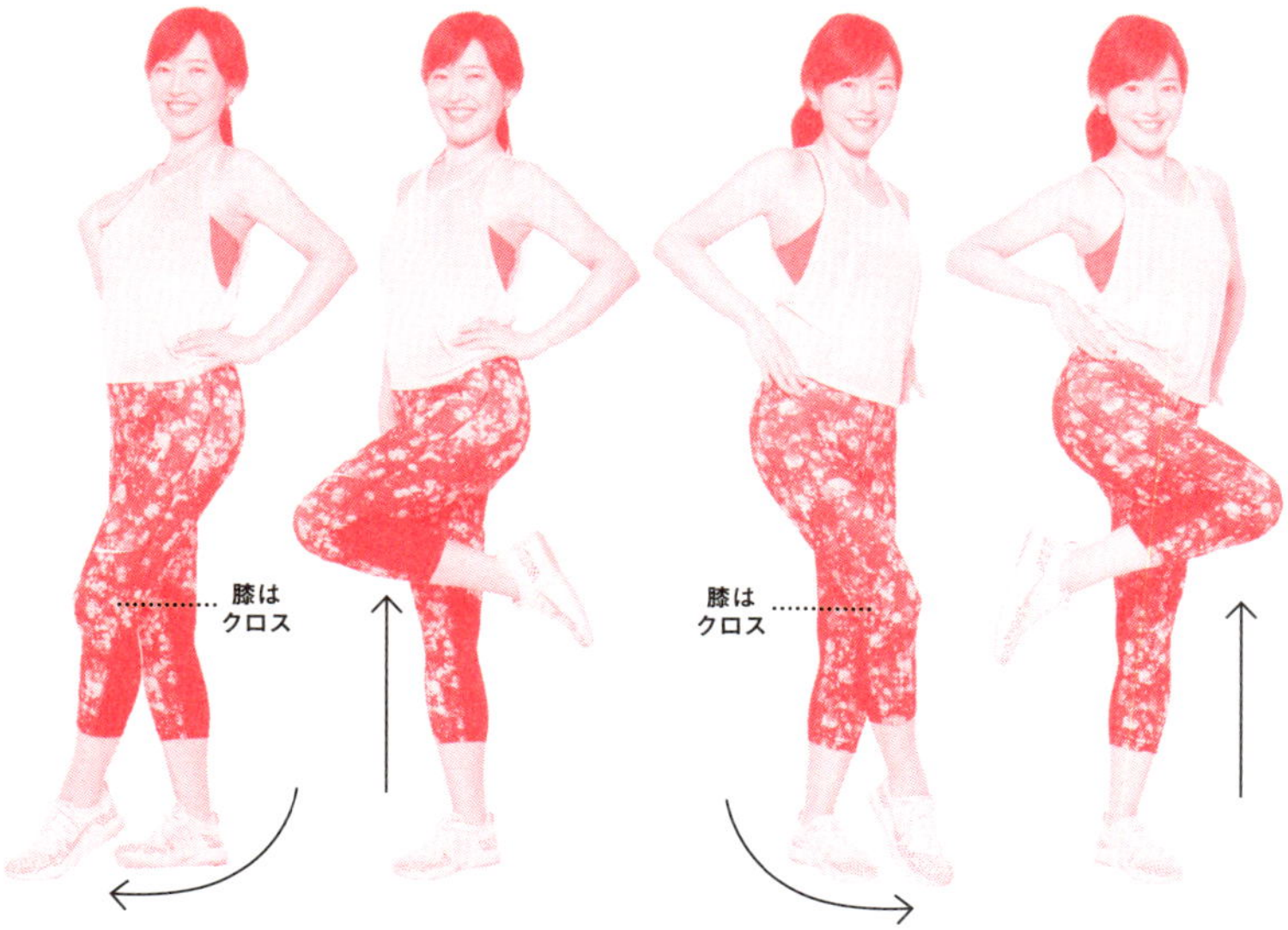

[1]

下腹ぽっこりを解消する股関節を動かすストレッチ。右足の膝を内側に入れ、ひねるように上げる、このとき股関節を意識する。

[2]

右足をおろし左足の前に出してクロスして股関節の可動域を広げる。背筋を伸ばしヒップを引き上げるようなイメージで。

[3]

左足も内側に入れながら上げていく。股関節部分にはリンパが集中しているので、意識的に動かすことで下半身がスッキリ。

[4]

左足をおろし右足前に持ってきてクロス。このとき、腰を少しひねるようにしてクロスするとウエストの筋肉が動きくびれをつくる。

女性ホルモン分泌ストレッチ 03

［1］

女性らしい動きをすることで女性ホルモンを活性化。左手を上げ右手は腰に添え、腰を左側にひねるようにヒップを持ち上げる。

［2］

右手を上げ腰を右側にひねる。猫のようなしなやかさをイメージする「くねにゃん」ストレッチで女性ホルモンを活性化。

Mini Column

女性らしい動きのダンスでスタイルアップ！

女性らしい服や露出度の高いスカートは女性ホルモンを活性化する効果アリ。お気に入りはチアリーダーの衣装。自宅でストレッチする場合は少し露出度が高く、筋肉の動きが把握できるようなスタイルがおすすめ。

04 下半身太り撃退 骨盤回しストレッチ

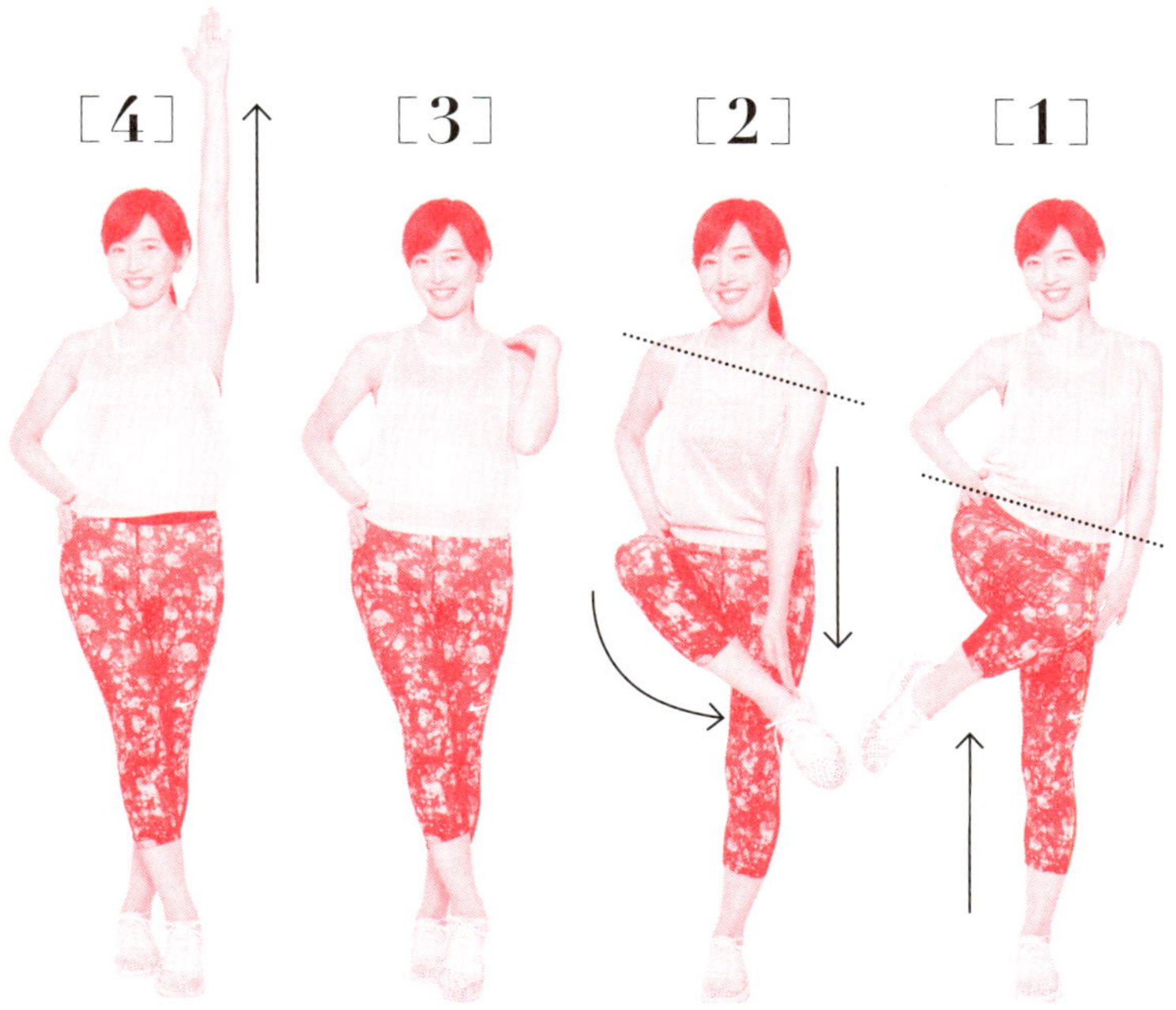

[1]

骨盤を回して歪みを正し、インナーマッスルを鍛える。右足を上げ、つま先は外を向くようにして骨盤をグッと右方向に上げる。

[2]

上げた右足を外側から内側に入れて、つま先部分を左手でタッチ。同様に上げた骨盤を下げて骨盤周りの筋肉が動いているのを意識。

[3]

右足をおろして左足前に置きクロス。左手を肩に乗せて、肩甲骨を少し寄せるようにしながら背筋を伸ばし、正面を向く。

[4]

左手をまっすぐ上げてわきを伸ばす。普段、動かすことのない、わきの下にある褐色脂肪細胞を伸ばすことで刺激して活性化させる。

巻末付録

まずは、ここから!

4 タイプ別 痩せスイッチ

自分の体型で今、一番痩せたいところはどこですか？　一般的に太りやすい部位、４箇所をピックアップ。それぞれ、効果的に痩せるコツをピンポイントでDr. サワコが解説します。

気になるパーツは?

1 顔

フェイスラインや頬のお肉が気になる

外食やお酒を飲んだ翌日に顔がパンパンにむくんでいたり、フェイスラインの崩れや、頬のたるみが気になるタイプ。人の第一印象はやっぱり顔。顔にお肉がつきやすいことで「太っている人」とイメージづけられてしまった、などの悩みを持つ人はこちら。

2 お腹

下腹がぽっこりで薄着の時期がコワイ

太りはじめると、まずはお腹からお肉がつくタイプ。そんなに食べているわけではないのに、なぜかお腹が張ったり、下腹がぽっこり出てしまったり。ジャストサイズのピタッとしたTシャツがここ数年、コワくて着られません！　なんて人はこちら。

3 背中

ブラからハミ肉注意背中に貫禄たっぷり

自分では見えづらく、意外と盲点の背中。でも、ふと鏡を見たらブラジャーのわきからハミ肉が盛り上がっているのが服の上から分かる！　とか、後ろ姿が数年前よりも貫禄が出たと感じる人はいませんか？　また、自分の姿勢が猫背ぎみと感じる人もこちらへ。

4 下半身

お尻と太ももが入らずボトムス選びが苦痛

大きなヒップにパンパンの太もも、どっしりとした下半身が悩みのあなた。トップスのサイズはMでもボトムスのサイズは常にLかLLなんて人、多いのでは。下半身が太いとオシャレがしづらくて、いつもパンツばかり……なんてお悩みの方はこちらへどうぞ。

Switch

1

顔から痩せる むくみを解消するだけで変わる

顔がたるんでいる、頬の肉が気になる……というタイプはむくんでいる可能性が高いです。そこでむくみを解消するためには、化学調味料や食品添加物の入っている食品をやめること。これまで食品添加物の悪影響はいろいろ紹介しましたが、顔のむくみにも大きく影響するのです。同様にアルコールも血管を拡張させ、血流がスムーズに流れにくくなりむくみの原因になるため要注意です。これだけで驚くほど顔のむくみはとれます。

二重あごになりやすいなど、フェイスラインが気になるのなら、リンパマッサージが効果的。デコルテ部分の鎖骨の上あたりの部分を流していきましょう。デコルテ部分はリンパが集中しているため、意識的に流してあげないと水分や老廃物が溜まってしまいフェイスラインに影響が出てしまいます。

お風呂で洗顔するときも人差し指と中指の2本を使いフェイスラインを挟むようにしてリンパを流しながら顔を洗うようにしましょう。デコルテマッサージもフェイスマッサージも毎日のお風呂タイムに習慣として取り入れるのをおすすめします。

お風呂あがりには、タオルを使って小顔エクササイズ。四つ折りにしたタオルを左わきから右肩にかけてタオルの両端を持ちながら体を左右にひねります。この動きによりわきの下の褐色脂肪細胞が刺激されてリンパが流れ、小顔へ導いてくれます。

Dr.サワコのポイント

化学調味料をはじめ、塩分の過剰摂取がむくみにつながるので外食の後は、塩分や老廃物の排出を促すカリウムが含まれた果物を摂るのがいいでしょう。おすすめなのはバナナ、メロン、キウイなど。食事のフルーツとして取り入れてみてください。

Switch

2

お腹から痩せる 腸を整えて「痩せ菌」を増やす

年齢を重ねると基礎代謝と筋力が低下するため、自然と脂肪がつきやすくなります。その中でも意識して筋肉を使わないお腹まわりは特に脂肪や老廃物が溜まりやすい！　老廃物を排出するには便から70％、尿から20％、汗などその他から10％。つまりほとんどが便による排出のため、腸内環境を整えて便通をスムーズにすることがお腹ぽっこりを解消する秘訣。そのためにも、腸内細菌の「痩せ菌」が活発に動く栄養素、乳酸菌を積極的に取り入れましょう。

そこで試してほしいのが『ホットヨーグルト』です。乳酸菌をより有効的に吸収するために、ホットヨーグルトを食べる前に「乳酸菌活発化マッサージ」を行うとさらに効果アップ！

お腹の中には、大網というエプロン状に垂れ下がっている膜がお腹の臓器を包んでいますが、ここはリンパの集中地帯で脂肪がつきやすい場所。ここを刺激するため、手の平でおへその周りを「の」の字を書くようにマッサージしてください。マッサージをするタイミングはお風呂あがりなどの血行がよくなっているときがより効果的です。マッサージした後にホットヨーグルトを食べれば、乳酸菌の吸収率が高くなり痩せ菌がパワーアップ。余分な老廃物をしっかり排出することができ、溜め込まないスッキリお腹になります。

Dr.サワコのポイント

ヨーグルト以外に痩せ菌を増やす食品は、ぬか漬けやキムチなどの発酵食品。そして、良質な睡眠も腸内環境を整えてくれるので、夕方以降はルイボスティーなどノンカフェインドリンクを飲むようにして、睡眠の質を高めるようにしましょう。

Switch 3

背中から痩せる ポイントは肩甲骨を意識すること

まずは自分の姿勢を確認してみてください。猫背や前かがみになっていないでしょうか。人間はどうしても前方行動が多いため、前かがみになりやすいのですが、これが背中のお肉をつける原因。前方姿勢により背中の筋肉に疲労物質が溜まり、コリやむくみになってしまうのです。だから、背中を意識して動かし老廃物を流すことが痩せ体質への第一歩。

ここでも褐色脂肪細胞を刺激するのが効果的です。まずは褐色脂肪細胞の痩せスイッチをオンにするために水を入れて凍らせた500mlのペットボトルを用意してください。これを首筋にあてると褐色脂肪細胞が冷やされたことで活性化して基礎代謝がアップ。褐色脂肪細胞は首、肩甲骨周りに密集しているので、この部分を冷やすことで「冷たい」という情報が脳に伝わり、体温を上げようと活発化。寒冷刺激により活性するのです。脂肪が燃えやすい状態になったら、「簡単背中痩せストレッチ」を行います。

ストレッチは肩甲骨を動かすのがポイント。可動域を広げるためにタオルを使用します。タオルを両わきの下に挟み込み、両端を引っ張るように持ってわきを締めます。そのまま体を左右にひねるだけ。これだけで肩甲骨が大きく動き、リンパが流れて美背中を目指すことができます。

Dr.サワコのポイント

ストレッチを行うのはお風呂あがりが最適。体が温まると筋肉の温度も上がり、伸びやすくやわらかい状態になっています。そのため、可動域が広がり、より効果を得ることができます。また、筋肉がほぐれることで副交感神経がリラックスし睡眠の質もアップ。

Switch

4

下半身から痩せる歩き方のスタイルをチェンジ

あなたは毎日、どんな靴をはいて、どのような歩き方をしていますか？　じつは下半身太りは日々の歩き方がとても影響します。ヒールのないぺたんこ靴で足の指を地面につけずに歩いていると、指でふんばる力を太ももやお尻で補ってしまい、下半身が太くなる原因に。そしてヒールの靴をはかないとふくらはぎの筋肉を使わないので、脂肪がつきやすくなってしまうのです。

ただ、ヒールの靴が苦手な人も多いはず。そんなときは私も愛用している少しヒールがついたヒールスニーカーを使用してみてください。スニーカータイプなので3～4センチ程度のヒールでも歩きやすく安心です。私は仕事中にもこのスニーカーをはいて脚の筋力を意識しています。

食品選びも重要で特にトランス脂肪酸は下半身太りに直結。内臓脂肪としてたまりやすく代謝も落とすため、下半身に血流が回りにくくなり、その結果、下半身全体がむくんでしまう原因となります。トランス脂肪酸が多く含まれているマーガリンはもちろん、市販のパンやクッキー、スナック菓子の原料となるショートニングにも含まれているため、食べるのを避けましょう。トランス脂肪酸は合成でつくられるため、比較的安価な製品に代替品として入っている場合が多いです。安いお菓子やパンを買うときは値段よりも先に成分表示を見ることを習慣づけてください。

Dr.サワコのポイント

下半身太りを解消するには鶏の胸肉。ヒールは筋肉を鍛えると同時に負担もかかるので、疲労回復効果のあるイミダペプチドが含まれた胸肉を摂取して。特にふくらはぎは血流が溜まりやすいのでオメガ3脂肪酸を一緒に摂って血液サラサラを目指しましょう。

Epilogue おわりに

私が数多くのダイエットに挑戦して成功した今、一番重要だと思うのは「ダイエットは無理をしない」こと。人間は無理をすると続かないし、ストレスを溜めてしまいます。そしてこのストレスが太る元凶。ストレスホルモンは驚くほど体に悪影響を及ぼします。本文中にも書きましたが、私は体重計に乗らなくなってから痩せ始めました。それは体重という数字に一喜一憂することがストレスになっていたから。

「痩せたい」と思うのは「キレイになりたい」からではないでしょうか。アンチエイジングドクターとして「痩せたい」と思っているすべての方にお伝えしたいのは、体重を減らすことがキレイに繋がるわけではありません。私が推奨するのは女性らしいしなやかなボディラインをキープすること。これが若々しく見える秘訣です。無理なダイエットで体重を落としても、顔がシワシワ、髪はパサパサで「痩せたけど、老けたね」といわれてしまっては成功とはいえません。そのためにもダイエットは体重に捉われず、健康的に楽しんで行うことが成功への近道です。

もうひとつ大切なことは女性ホルモンを活性化すること。加齢とともに女性ホルモンは減少してしまいます。そうすると老け込んでしまうのは事実。活性化させるために一番簡単なのは好きな人をつくること。異性でも同性でも構いません。「素敵なあの人に近づけるくらいキレイになりたい」「あの人みたいになりたい」と憧れの気持ちを持つことは、いくつになっても女性ホルモンを動かし、活性化させます。「どうせ私なんて」というマイナスワードはブスホルモンを動かして太る原因に。ウソみたいですが、これは本当のことで医学的にも立証されていますす。「私はキレイになる」この前向きな気持ちが痩せるための第一歩であることを忘れないでください。

日比野佐和子

日比野佐和子

再生未来Rサイエンスクリニック広尾院長、医学博士。

大阪大学医学部大学院医学系研究科卒業・博士課程修了。大阪大学医学部大学院医学系研究科臨床遺伝子治療学講座特任准教授、同志社大学アンチエイジングリサーチセンター講師、森ノ宮医療大学保健医療学部准教授、ルイ・パストゥール医学研究センター基礎研究部アンチエイジング医科学研究室室長を経て、平成25年に現職に就任。

専門分野は欧米のアンチエイジング医学に加え、中医学、ホルモン療法、プラセンタ療法、植物療法（フィトテラピー）、アフェレーシス療法（血液浄化療法）など多岐にわたる。

真摯なカウンセリングと診療で、スポーツ選手や著名人をはじめ多くの患者から信頼されている。研究分野において国際的に活躍するとともに、テレビや雑誌などにも数多く登場している。

累計30万部のベストセラー「眼トレ」シリーズなど、著書も多数ある。